Actividades para todos

1a

McDOUGAL LITTELL

¡En español!

ACTIVIDADES PARA TODOS
PRÁCTICA POR NIVELES

McDougal Littell
A HOUGHTON MIFFLIN COMPANY
Evanston, Illinois • Boston • Dallas

Actividades para todos

ISBN-13: 978 - 0 - 618 - 33470 - 4 ISBN-10: 0 - 618 - 33470 - X

8 9 10 — MJT — 11 10 09 08

TABLE OF CONTENTS

TO THE STUDENT

Actividades para todos provides activities for practice at different levels of difficulty. Leveled vocabulary, grammar, and reading activities cover the material taught in every *etapa*. Within each category of practice there are three pages, each at a different level of difficulty (A, B, and C). The A level is the easiest and C is the most challenging.

All of the objectives for the *etapa* are practiced within each level of difficulty. In other words, if you complete the A level activities for *Vocabulario, Gramática,* and *Lectura,* you will have covered all of the objectives taught in that *etapa*. The same is true for the B and C levels.

The following sections are included in ***Actividades para todos*** for each *etapa*:

- *Vocabulario* A, B, C
- *Gramática* A, B, C
- *Lectura* A, B, C
- *Rompecabezas*

Something for Everyone

Vocabulario Each page in this section has three activities that practice the *etapa* vocabulary. The different levels of difficulty (A, B, and C) are distinguished by the amount of support you're given. (A level activities usually give you choices, B level activities often call for short answers to be written, and C level activities require longer answers.)

Gramática This section follows the same pattern as the *Vocabulario* section and reinforces the grammar points taught in each *etapa*.

Lectura Each page in this section consists of a reading accompanied by *¿Comprendiste?* and *¿Qué piensas?* questions. Both the reading and the follow-up questions become more challenging as the level of difficulty increases. The readings provide opportunities to experience language in a real-world context.

Rompecabezas Activities in the form of word finds, word jumbles, and crossword puzzles appear at the end of each *etapa*.

Etapa preliminar

Nombre ______________________ Clase ______________ Fecha ______________

¡HOLA! SOY DE... A

ACTIVIDAD 1 Encantado

Complete the following dialog between two young people.

Me llamas gusto Mucho llamo

—Hola. ¿Cómo te ______________?

—______________ llamo José. ¿Y tú?

—Me ______________ Diana.

—______________ gusto, Diana.

—El ______________ es mío, José.

ACTIVIDAD 2 El Caribe

Look at the map of the Caribbean. Write the names of the three Spanish-speaking countries.

1. ______________________________
2. ______________________________
3. ______________________________

ACTIVIDAD 3 Hola

Use different expressions to say hello to each of these people.

1. Alejandro ______________________________
2. Carlota ______________________________
3. señor Díaz ______________________________
4. señora López ______________________________

Nombre ______________________ Clase ______________ Fecha ______________

¡HOLA! SOY DE... B

ACTIVIDAD 1 Saludos

How would you respond if your teacher greeted you at the following times?

1. 8:30 A.M. ______________________

2. 2:15 P.M. ______________________

3. 8:20 P.M. ______________________

4. anytime ______________________

5. 10:30 A.M. ______________________

ACTIVIDAD 2 Países

Say that each person is from a Spanish-speaking country whose name begins with the same letter as his or her first name.

1. Vicente es de ______________________.

2. Patricia es de ______________________.

3. Nicolás es de ______________________.

4. Mariana es de ______________________.

5. Esteban es de ______________________.

ACTIVIDAD 3 Presentaciones

Answer the following questions in Spanish.

1. ¿Cómo se llama la chica? ______________________

2. ¿Cómo se llama el chico? ______________________

3. ¿Cómo te llamas? ______________________

¡HOLA! SOY DE... C

ACTIVIDAD 1 Sudamérica

Write the names of six Spanish-speaking countries in South America.

______ ______

______ ______

______ ______

ACTIVIDAD 2 Saludos

Fill in the dialog bubbles with appropriate greetings.

1.

2.

ACTIVIDAD 3 Mucho gusto

Write a dialog between two students who are meeting for the first time.

Hola. **Mucho gusto.** **Hasta luego.** **Nos vemos.**

______

______

______

______

______

______

Nombre ____________ Clase ____________ Fecha ____________

¿QUÉ DÍA ES HOY? A

ACTIVIDAD 1 ABC

Fill in the missing letters to complete each word. Use the pictures as clues.

1. ____aleta

2. ____araguas

3. ____ota

4. ____uevo

5. ____eloj

ACTIVIDAD 2 Números

Write out the number that comes next.

1. uno ____________

2. cinco ____________

3. ocho ____________

4. tres ____________

5. nueve ____________

ACTIVIDAD 3 Los días de la semana

Finish writing the days of the week.

1. l ____________

2. m ____________

3. m ____________

4. j ____________

5. v ____________

6. s ____________

7. d ____________

Nombre ______________________ Clase ______________ Fecha ______________

¿QUÉ DÍA ES HOY? B

ACTIVIDAD 1 Números de teléfono

Here is José's phone number. Write out the words for each digit in his number.
243-7196

____

____

____

ACTIVIDAD 2 Frases útiles

Complete each phrase.

mano lápiz libros despacio tarea

1. Saquen un ____________.
2. Levanten la ____________.
3. Abran los ____________.
4. Pásenme la ____________.
5. Más ____________, por favor.

ACTIVIDAD 3 Los días

Use the Spanish calendar to answer the questions.

1. ¿Qué día es el seis? ______________________
2. ¿Qué día es el siete? ______________________
3. ¿Qué día es el cinco? ______________________
4. ¿Qué día es el ocho? ______________________

Nombre ______________________ Clase ______________ Fecha ______________

¿QUÉ DÍA ES HOY? C

ACTIVIDAD 1 Secuencia

Complete each sequence logically.

1. ce, de, e, efe, ___________
2. ere, erre, ese, te, ___________
3. lunes, martes, ___________, jueves
4. jueves, ___________, sábado, domingo
5. cero, dos, cuatro, ___________, ocho

ACTIVIDAD 2 ¿Qué dice el maestro?

Use the pictures to write what the teacher is saying.

1. 

2. 

3. 

4. 

1. ____
2. ____
3. ____
4. ____

ACTIVIDAD 3 Preguntas

Answer each question.

1. Si hoy es lunes, ¿qué día es mañana? ___________________
2. Si mañana es viernes, ¿qué día es hoy? ___________________
3. ¿Cómo se llama tu maestro(a)? ___________________
4. ¿Cuál es tu teléfono? ___________________

Unidad 1

VOCABULARIO A

ACTIVIDAD 1 Saludos

Complete the following dialogs, underlining the appropriate expression in parentheses.

1. **Elena:** ¿Qué tal, María?
   María: (De nada. / Estoy bien, gracias.)
2. **Alma:** José, (te / le) presento a mi amigo Jorge.
   José: Mucho gusto.
3. **Francisco:** ¿Cómo (está usted / estás), señor López?
   Señor López: Terrible.
4. **Gerardo:** Muchas gracias.
   Hombre: (Vivo en un apartamento. / De nada.)

ACTIVIDAD 2 Encantado

Choose the appropriate phrases from the word bank to complete the dialog below.

No muy bien **amiga** **doctora** **Le presento** **Encantado**

—Buenos días, señor Velásquez. ____________ a la señorita Pérez. La señorita Pérez es ____________. Es una ____________ de mi mamá. Vive en una casa de la comunidad.

—____________, señorita Pérez. ¿Cómo está usted?

—____________, porque hoy es lunes.

ACTIVIDAD 3 ¿Qué te gusta?

Write two things you like to do during summer vacation; then write one that you don't like to do. You may want to use **bailar, correr, leer, trabajar, nadar, patinar.**

modelo: Me gusta patinar durante las vacaciones.

____

____

____

Nombre ______________________ Clase ______________ Fecha ______________

VOCABULARIO B

ACTIVIDAD 1 ¿Qué dicen?

The dialog below is out of order, even though each sentence is correct. Rewrite the dialog, placing it in logical order. (Hint: A speaker may have more than one thing to say before the next person talks.)

Mucho gusto, María. ¿Qué tal?
¿Y tú, cómo te llamas?
Regular.
Me llamo María Peralta.
Hola, me llamo Tomás Durán. Soy de Puerto Rico.
Estoy bien, ¿y tú?

____

____

____

____

____

ACTIVIDAD 2 ¿Qué le gusta?

Based on the picture clues, tell what each person likes to do.

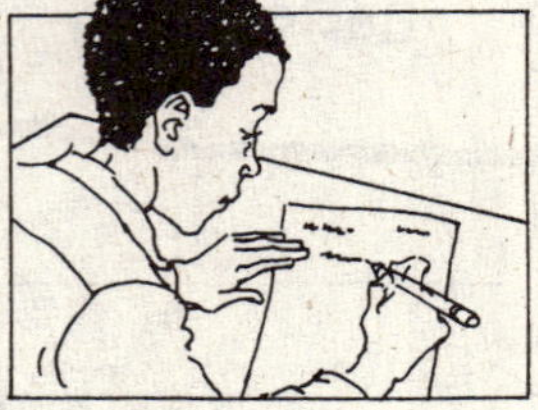

modelo: Le gusta escribir.

__________ __________ __________ __________

ACTIVIDAD 3 Me gusta

Make a list of some activities you like to do and some you don't like to do. Then write a sentence about two of them.

____

____

VOCABULARIO C

ACTIVIDAD 1 La familia de Oscar

Ted is showing his parents a photo of his best friend's family. Refer to the picture to help Ted finish his description with words from this **etapa.**

El ____________________ con su familia es mi amigo Oscar. La familia vive en un ____________________. A Oscar le gusta ____________________ en el parque. La ____________________ en la foto es la mamá de Oscar. A ella le gusta ____________________ en el hospital. El ____________________ es el papá de Oscar. A él le gusta ____________________ los libros y preparar las clases. El perro se llama Sultán. A Sultán no le gusta ____________________ la música.

ACTIVIDAD 2 ¿Quién es?

Complete the sentences below with words from the word bank. Use the clues in the sentences to help you.

policía **mujer** **muchacho** **familia**

1. Marisol es ____________________; tiene un uniforme.
2. Tomás tiene una ____________________ grande; hay cuatro chicos y tres chicas.
3. La maestra Dietz es una ____________________ muy inteligente.
4. Te presento a mi amigo Eduardo, un ____________________ interesante y cómico.

ACTIVIDAD 3 Buenos días, señora

Write a short dialog in which you greet your teacher and chat briefly.

modelo: Buenos días, señora Marshall. ¿Cómo está usted?

____

____

____

Nombre ______________________ Clase ______________ Fecha ______________

GRAMÁTICA A

ACTIVIDAD 1 ¿De dónde son?

The following people come from different places in the United States. To state where they are from, underline the correct form of the verb **ser.**

1. Yolanda (soy/es) de Los Ángeles.
2. Ustedes (son/somos) de Nueva York.
3. Tú (es/eres) de San Antonio.
4. Nosotros (soy/somos) de Miami.
5. Yo (soy/es) de Chicago.

ACTIVIDAD 2 ¿Quién?

Who is from where? Complete the sentences with the appropriate subject pronoun from the word bank.

Yo	**Ustedes**	**Tú**	**Ella**	**Nosotros**

1. ____________________ es de La Paz.
2. ____________________ son de Tijuana.
3. ____________________ somos de Santo Domingo.
4. ____________________ soy de Madrid.
5. ____________________ eres de Detroit.

ACTIVIDAD 3 ¿Y tú?

Introduce yourself to the class, telling who you are and where you're from.

modelo: Me llamo Nilda y soy de Guatemala.

____

____

Nombre ______________________ Clase ______________ Fecha ______________

GRAMÁTICA B

ACTIVIDAD 1 ¿De dónde son?

Ask if the following people are from the city mentioned. Use the appropriate form of the verb **ser.**

modelo: ustedes / Bogotá ¿Ustedes son de Bogotá?

1. el maestro / Santiago ______________________
2. tú / Madrid ______________________
3. ellas / Buenos Aires ______________________
4. usted / Caracas ______________________

ACTIVIDAD 2 ¡No es verdad!

Your friend Patricia is describing a mutual friend; however, you wonder if she's talking about the same person. Correct her statements.

—Nuestro amigo Arturo vive en un apartamento.

—¡No es verdad! Arturo ______________________.

—A Arturo le gusta correr y nadar.

—Al contrario. A Arturo ______________________.

—Arturo es policía.

—No, Arturo es ______________________ como nosotros.

—Arturo es de Montevideo.

—¡Arturo no es de Montevideo; ______________________!

ACTIVIDAD 3 ¡Qué imaginación!

Use your imagination to create a new you. Tell who you are and a little about yourself.

modelo: Me llamo Isabel. Soy de España. Me gusta patinar y bailar.

____

____

____

Nombre _______________ Clase _______________ Fecha _______________

GRAMÁTICA C

ACTIVIDAD 1 El mundo es un pañuelo

Some exchange students come to your school. Use the verb **ser** to tell what city they are from. Include their country of origin if you know it.

1. ellas / Barcelona _______________
2. Francisco / Lima _______________
3. yo / Buenos Aires _______________
4. nosotros / Bogotá _______________

ACTIVIDAD 2 ¿Quién?

You missed some important parts of a conversation—the names of the people being discussed! Replace the underlined subject pronouns with names from the word bank. Write out each sentence.

el señor Vargas **Elisa y Patricia** **Miguel y Esteban**

1. <u>Ellas</u> son de Puerto Rico y son estudiantes.
____
2. <u>Él</u> es mi profesor de español.
____
3. <u>Ellos</u> son policías.
____

ACTIVIDAD 3 Un invitado

Introduce a friend to a student you have invited to your party. Tell where the student is from and one thing he or she likes to do. Write at least three sentences.

modelo: <u>Te presento a Fernando. Él es de…</u>

____
____
____

Nombre ______________________ Clase ______________ Fecha ______________

LECTURA A

Read the beach club application shown, then answer the questions.

Solicitud para tarjeta de identificación

Club de Playa Hermosa

NOMBRE: Vicente Vásquez

DIRECCIÓN: 521 SW 8th St. Miami, FL

TELÉFONO: (305) 858-1161

FECHA DE NACIMIENTO[1]: 20 de abril, 1982

ACTIVIDADES FAVORITAS: Me gusta nadar y patinar

[1] birth

¿Comprendiste?

Complete the sentences using information from the reading.

1. Él se llama ______________________________.
2. Le gusta ______________ y ______________.
3. Él es de ______________________________.
4. Su teléfono es ______________________________.

¿Qué piensas?

1. ¿Te gusta nadar y patinar? Compara tus actividades favoritas con las actividades favoritas de Vicente.

____

2. ¿Te gusta participar en los clubes? ¿Qué club te gusta? ______________

____

Nombre ______________________ Clase ______________ Fecha ______________

LECTURA B

Read the following letter Elena has written to her new pen pal. Then answer the questions.

> *3 de junio*
>
> *¡Hola! Me llamo Elena Martínez.*
>
> *Soy de Florida. Mi familia es de Puerto Rico. Me gusta cantar. También me gusta mucho bailar. Como ejercicio, me gusta correr y nadar. Vivo en un apartamento en San Juan.*
>
> *¡Hasta luego!*
> *Elena*

¿Comprendiste?

Complete the following sentences using information from the reading.

1. Ella se llama ______________________.
2. Como ejercicio, le gusta ______________________ y ______________________.
3. Ella es de ______________________.
4. Le gusta mucho ______________________.

¿Qué piensas?

1. En tu opinión, ¿es buena idea tener un amigo por correspondencia?

____

2. Compara tus actividades favoritas con las actividades favoritas de Elena.

____

Nombre ______________________ Clase ______________ Fecha ______________

LECTURA C

Read the following introduction Guillermo wrote about his friend Rafael, then answer the questions.

Te presento a mi amigo Rafael

Mi amigo Rafael es un chico especial. Le gusta el béisbol, especialmente los Padres. También le gusta patinar, pero no le gusta estudiar. Le gusta leer, cantar y nadar. ¡Le gusta mucho escuchar música latina! A Rafael no le gusta comer en la escuela; ¡no le gusta la comida!

¿Comprendiste?

Tell whether or not Rafael likes the following activities. If you can't tell from the reading, write **No sé.** *(I don't know)*.

1. estudiar ______________________

2. leer ______________________

3. escuchar música rock ______________

4. bailar ______________________

5. comer en la escuela ______________

¿Qué piensas?

1. ¿Te gusta comer en la escuela? Describe tus experiencias. ______________________

____

2. ¿Tienes un(a) amigo(a) especial? ¿Cómo se llama? ______________________

____

Nombre ____________________ Clase ____________ Fecha ____________

ROMPECABEZAS

El día de Lola

Find and circle the things in Lola's day. Words can go in any direction!

1. estudiante
2. trabajar
3. leer
4. maestro
5. concurso
6. cantar
7. nadar
8. apartamento
9. gustar
10. señorita

O	T	N	E	M	A	T	R	A	P	A
M	H	E	T	U	B	T	A	T	A	N
E	S	O	Ñ	Z	A	Y	É	M	Q	A
S	H	A	I	L	E	E	R	R	O	D
T	O	N	U	S	T	A	A	U	I	A
U	E	T	R	Z	J	O	B	Y	K	R
D	R	G	M	A	E	S	T	R	O	E
I	S	A	B	B	N	G	V	I	S	M
A	D	A	F	R	A	U	Z	O	R	A
N	R	Ú	L	K	A	S	W	L	U	D
T	I	K	E	C	N	T	L	C	C	U
E	Z	U	R	E	O	A	N	A	N	P
P	O	M	T	A	P	R	K	A	O	L
S	E	Ñ	O	R	I	T	A	N	C	T

Nombre ______ Clase ______ Fecha ______

VOCABULARIO A

ACTIVIDAD 1 Los opuestos

Write the adjective that is opposite in meaning to the one given.

1. alto ______
2. grande ______
3. trabajador ______
4. cómico ______
5. guapo ______

ACTIVIDAD 2 ¿De qué color es...?

Write the color you would associate with the following.

1. 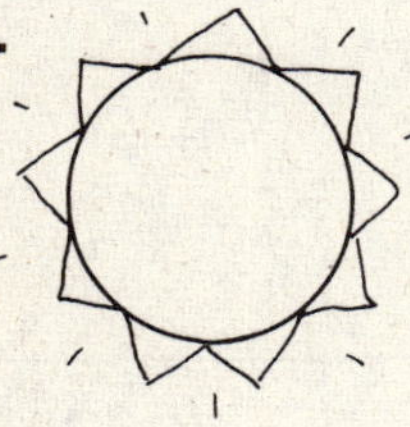
2. 
3. 
4. 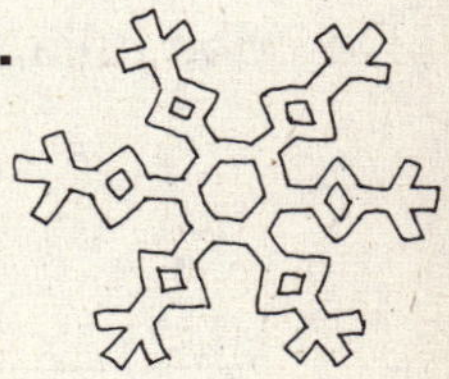

______ ______ ______ ______

ACTIVIDAD 3 ¿Cómo eres?

Describe yourself, including a description of your hair and eyes.

modelo: Soy muy alta y tengo los ojos verdes…

______

______

______

Unidad 1 Etapa 2 Actividades para todos VOCABULARIO A

Nombre ____________________ Clase ____________ Fecha ____________

VOCABULARIO B

ACTIVIDAD 1 Creo que sí / Creo que no

Who would wear the clothing mentioned on the day given? Guillermo lives in Maine; Lucinda lives in Miami.

	Guillermo January 15	Lucinda July 4
1. una camiseta	____________	____________
2. un suéter	____________	____________
3. una chaqueta	____________	____________
4. unos pantalones	____________	____________

ACTIVIDAD 2 ¡Al contrario!

Your best friends Julio and Julia are twins, but they seem to be complete opposites. Describe Julia, based on the description of Julio.

Mi amigo Julio es alto. Es muy trabajador.
Tiene el pelo largo. Es interesante y cómico.

____

____

____

ACTIVIDAD 3 La mascota más interesante

You want to enter your pet in a contest for the most interesting cat or dog. First, make a list of adjectives to describe the appearance and personality of a cat or dog you've known. Then write at least three sentences.

modelo: Mi gato Rufo es muy cómico…

____

____

____

Nombre ______________________ Clase ______________ Fecha ______________

VOCABULARIO C

ACTIVIDAD 1 Probablemente

Using the picture clues, finish each sentence with one or two adjectives that describe what type of person you think each one is.

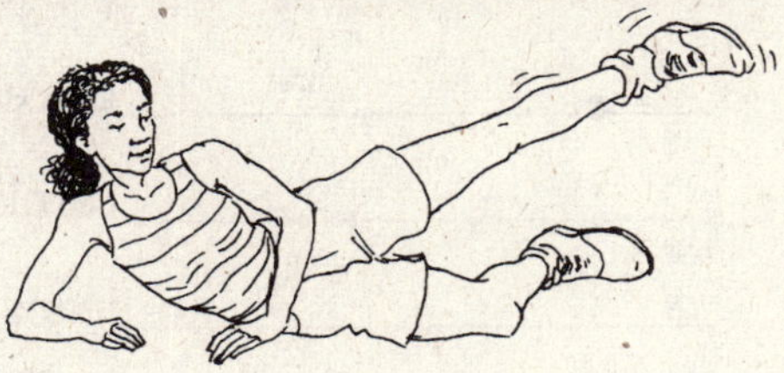

1. Ella es ______________________.

2. Él es ______________________.

3. Él es ______________________.

4. Ella es ______________________.

ACTIVIDAD 2 Decisiones, decisiones

You're deciding what to wear this week. After each activity below, list some items you want to include in your outfit. Include the color of each.

1. la fiesta de Linda ______________________________

2. la clase de español ______________________________

3. para correr con el perro ______________________________

ACTIVIDAD 3 ¡Qué chico interesante!

Your friend has set you up with a blind date. Write a description of the person you'd like to meet. Include clothing and colors.

modelo: Carlos es un chico muy divertido y paciente. Él es alto y rubio con el pelo largo. Él lleva los pantalones amarillos y una camisa roja…

____

____

____

Nombre ______________________ Clase ______________ Fecha ______________

GRAMÁTICA A

ACTIVIDAD 1 De compras

You are making a shopping list before buying clothes for the new school year. Add the appropriate indefinite article to each item to complete your list.

______________ camisas ______________ calcetines

______________ suéter ______________ camiseta

______________ pantalones ______________ jeans

______________ zapatos

ACTIVIDAD 2 ¿Quién es?

Read the following descriptions. Are they describing Raúl or Graciela? Write the name of the person they're describing, then add another sentence describing him or her.

modelo: Es cómico.
Raúl/Raúl es divertido.

1. Es trabajadora. ______________
2. Es perezoso. ______________
3. Es guapo. ______________
4. Es alta. ______________

ACTIVIDAD 3 Realmente no le gusta

Describe at least three items that your best friend would never wear. Include the color.

modelo: Dorotea no lleva los zapatos rojos, pantalones amarillos,...

____

____

____

____

Nombre ______________________ Clase ______________ Fecha ______________

GRAMÁTICA B

ACTIVIDAD 1 ¿Qué lleva?

To find out what the new girl in class is wearing, complete the paragraph with the appropriate indefinite article in each blank.

Antonia es de Colombia. Hoy lleva ________________ pantalones rojos y ________________ camisa anaranjada. También lleva ________________ zapatos verdes con ________________ calcetines morados. ¡Finalmente lleva ________________ sombrero amarillo!

ACTIVIDAD 2 ¿Cómo son?

Describe what the following people are like, choosing the adjective that corresponds to the subject.

1. Luisa es (inteligentes / bonita).
2. Julio y Miguel son (fuertes / altas).
3. Raúl no es (alto / perezosa).
4. Rosalinda y Graciela son (serios / pacientes).

ACTIVIDAD 3 La amiga ideal

Make a list of adjectives to describe the ideal female friend. Then write a short paragraph describing her.

modelo: Lourdes es inteligente y divertida…

____

____

____

____

Unidad 1 Etapa 2 · Actividades para todos · GRAMÁTICA B

GRAMÁTICA C

ACTIVIDAD 1 ¡No es así!

First impressions are not always accurate. Write a sentence stating that the people are not like the adjective mentioned but rather just the opposite.

Alma y Graciela / trabajador ______

el señor García / aburrido ______

David y Francisco / feo ______

Josefina / grande ______

ACTIVIDAD 2 ¿Qué llevan?

Describe what each person is wearing. Include the appropriate indefinite article and a color.

______

______

______

______

______

______

______

______

ACTIVIDAD 3 Los opuestos se atraen

Think of a male friend and a female friend who are complete opposites. Describe each one. If you can't think of two real people, invent some!

modelo: Mi amiga Ana es muy trabajadora, pero mi amigo Juan es muy perezoso.

______

______

______

Nombre ______________ Clase ______________ Fecha ______________

LECTURA A

¿Cuál es tu color favorito?

The color you prefer may tell something about your personality! Or so some people say. Read the following chart, then answer the questions.

Color	Personalidad
amarillo	sociable
azul	simpático(a)
blanco	elegante
anaranjado	ambicioso(a)
negro	serio(a)
rojo	romántico(a)
verde	trabajador(a)

¿Comprendiste?

Read the following statements and decide whether they're true **(cierto)** or false **(falso)** based on the chart above.

1. Si te gusta llevar ropa negra, eres muy divertido(a). ______________
2. Si te gusta el verde, eres perezoso(a). ______________
3. Si te gusta el rojo, el romance es importante. ______________
4. Si te gusta el amarillo, te gusta hablar con las personas. ______________

¿Qué piensas?

Here are some other personality descriptions. With which color do you associate each of them?

1. aburrido(a) ______________
2. paciente ______________
3. divertido(a) ______________
4. inteligente ______________
5. perezoso(a) ______________

Nombre ______________________ Clase ______________ Fecha ______________

LECTURA B

Read this article about wearing uniforms to school, then answer the questions.

¡Es necesario llevar uniformes a la clase!

Los chicos llevan pantalones azules y una camisa blanca. También llevan calcetines blancos y zapatos negros.

Las chicas llevan una falda azul y una blusa blanca. Llevan también calcetines blancos y zapatos negros.

¿Comprendiste?

Who would wear the following: Raúl, María, or both of them?

falda azul ______________________

camisa blanca ______________________

calcetines blancos ______________________

zapatos negros ______________________

blusa blanca ______________________

¿Qué piensas?

1. ¿Te gusta la idea de llevar uniforme a la escuela? ______________________

____

2. En tu opinión, ¿son feos o bonitos estos uniformes? ______________________

____

Nombre ______________________ Clase ______________ Fecha ______________

LECTURA C

Read the following story about the life of Selena, a popular Tejana singer who died tragically when she was only 23 years old. Then answer the questions.

Selena

Se llama Selena Quintanilla Pérez. Es una cantante muy popular de la música tejana. Su música es especialmente popular en el sur de Estados Unidos. Ella es de Lake Jackson, Texas. Después su familia vive en Corpus Christi. Cuando tiene ocho años, canta en el restaurante de su familia. Tiene un grupo que se llama Los Dinos. Cuando tiene sólo quince años, recibe el premio a la mejor cantante de música tejana del año. En 1994 recibe un Grammy. En 1995 muere trágicamente.

¿Comprendiste?

Are the following sentences true or false? Respond using **cierto** or **falso.**

1. Selena es popular en Texas. ______________________
2. Selena es de California. ______________________
3. Le gusta cantar en un grupo musical, Los Dinos. ______________________
4. Selena vive en Miami. ______________________

¿Qué piensas?

1. ¿Qué tipo de música te gusta? ¿Te gusta la música tejana? ______________________

____

2. En tu opinión, ¿es importante escuchar la música de muchas culturas? ____________

____

Nombre ______________________ Clase ______________ Fecha ______________

ROMPECABEZAS

Tu amigo Juan

Your friend Tere asks you things about your friend Juan. You answer with the opposite adjective to describe him.

Down

1. ¿Es aburrido? No, es ______.

3. ¿Es antipático? No, es ______.

5. ¿Es feo? No, es ______.

7. ¿Es bajo? No, es ______.

9. ¿Es gordo? No, es ______.

Across

2. ¿Es rubio? No, es ______.

4. ¿Es perezoso? No, es ______.

6. ¿Es pequeño? No, es ______.

8. ¿Tiene el pelo largo? No, tiene el pelo ______.

Nombre ______________________ Clase ______________ Fecha ______________

VOCABULARIO A

Actividad 1 ¿Es cierto?

Look at my family tree and then decide if the statements that follow are true or not. If true, write **Es cierto**; if not, write **No es cierto**.

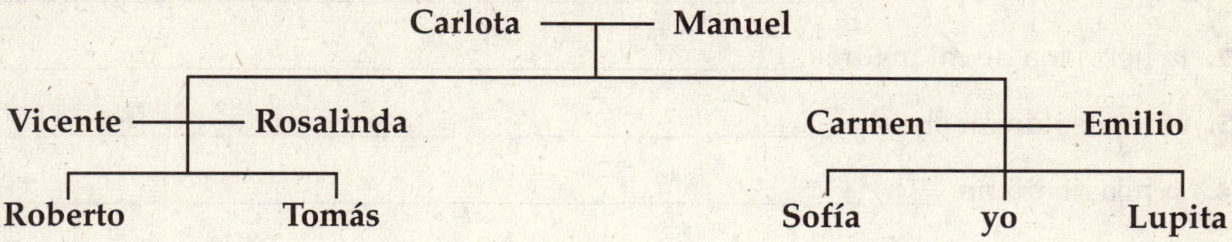

1. Roberto es mi tío. ______________________
2. Lupita es mi hermana. ______________________
3. Carlota y Manuel son mis padres. ______________________
4. Rosalinda es mi prima. ______________________
5. Carmen es mi madre. ______________________

Actividad 2 Más o menos

Solve the math problems in Spanish. Spell out the answers. **Más** means you should add the numbers; **menos** means you should subtract the numbers.

1. veintiuno menos siete ______________________
2. cuarenta y cinco más trece ______________________
3. sesenta menos treinta y cuatro ______________________
4. ochenta y dos menos treinta y nueve ______________________
5. setenta y nueve más dieciocho ______________________

Actividad 3 ¿Cuándo es tu cumpleaños?

Write when your birthday is, writing out all the numbers. Then write the birthday of a friend.

modelo: Mi cumpleaños es el veintidós de octubre.
El cumpleaños de Rosa es el dos de marzo.

____

____

Nombre ______________________ Clase ______________ Fecha ______________

VOCABULARIO B

ACTIVIDAD 1 ¿Quiénes son?

Read each description and tell which family member is being mentioned.

1. el padre de mi padre ______________________
2. la hermana de mi madre ______________________
3. el esposo de mi abuela ______________________
4. la hija de mi tío ______________________
5. el hijo de mi madre ______________________

ACTIVIDAD 2 ¿Cuántos hay?

Tell how many of each of the following there are. Spell out all numbers.

1. stars on the U.S. flag ______________________
2. days in the month of December ______________________
3. years in a century ______________________
4. hours in a day ______________________

ACTIVIDAD 3 ¿Cuántos años tienen?

Tell the ages of five people related to you.

modelo: Mi hermana tiene trece años.

____

____

____

____

____

Unidad 1 Etapa 3

Actividades para todos VOCABULARIO

B

Nombre ______________________ Clase ______________ Fecha ______________

VOCABULARIO C

ACTIVIDAD 1 La palabra exacta

Complete these sentences with a word from the word bank.

edad	fecha	joven	mayor	menor	viejo

1. Raúl tiene doce años; él es __________.
2. Javier tiene trece años; él es el hermano __________.
3. Mi abuelo tiene ochenta y cinco años; él es __________.
4. La __________ de mi cumpleaños es el ocho de abril.
5. Mi papá tiene cincuenta años y mi mamá tiene cuarenta y siete años.

   Mi mamá es __________ que mi papá.

ACTIVIDAD 2 Ya sabes mucho

To show how much you have already learned in Spanish, answer the following questions in complete sentences.

modelo: ¿Cómo se llama tu perro?
Mi perro se llama Fluff.

1. ¿Cuál es la fecha de hoy? ______________________
2. ¿Cómo se llama tu papá? ______________________
3. ¿Y tu mamá? ______________________
4. ¿Cuántos años tienes? ______________________

ACTIVIDAD 3 ¡Una celebración nueva!

You've decided to create a new holiday. Pick a date for it and mention what you're celebrating. You can also mention how you celebrate, if you like.

modelo: La fecha de mi día festivo es el seis de octubre. El día se llama «El día de las mascotas». Mi familia tiene ocho mascotas: seis gatos y dos perros.

____

____

____

Nombre ______________________ Clase ______________ Fecha ______________

GRAMÁTICA A

Actividad 1 ¡La ropa!

Tell what color clothing each person has, using the appropriate form of the verb **tener**.

1. Julio ____________________ unos zapatos azules.
2. Yo ____________________ mis calcetines rojos.
3. Rosa y Luisa ____________________ unas faldas negras.
4. Nosotros ____________________ unas chaquetas blancas.
5. Y tú, ¿qué ____________________?

Actividad 2 ¿Cuándo es su cumpleaños?

Read the following names and dates, then tell whose birthday is when.

modelo: 8/4 Gregorio
El cumpleaños de Gregorio es el ocho de abril.

1. 30/11 Ana ____________________
2. 12/9 mi mamá ____________________
3. 1/2 Roberto ____________________
4. 14/7 Francisca ____________________

Actividad 3 Tu familia

Tell when the birthdays of five family members or friends are.

modelo: El cumpleaños de mi madre es el siete de agosto.

____

____

____

____

____

Unidad 1 Etapa 3

A Actividades para todos GRAMÁTICA

Nombre ______________________ Clase ______________ Fecha ______________

GRAMÁTICA B

Actividad 1 ¡Tanta ropa!

The following people have more clothes than they need. Tell what each person has and how many.

1. Luisa / 15 /  ______________________________

2. yo / 23 /  ______________________________

3. mis tíos / 38 /  ______________________________

4. nosotras / 19 /  ______________________________

Actividad 2 La familia de...

Look at the family tree and describe the relationship between each set of people.

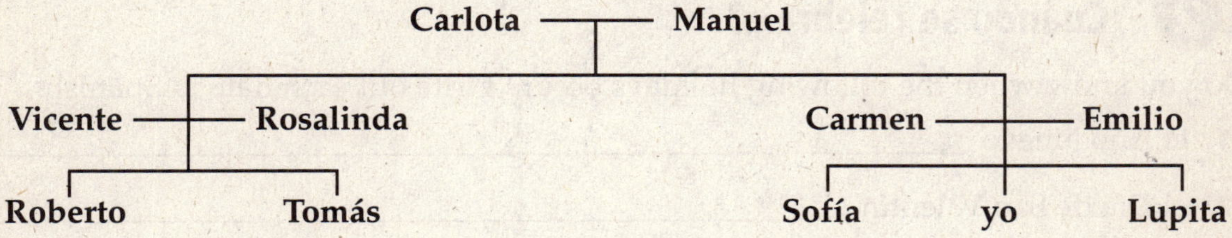

modelo: Rosalinda / Sofía
Rosalinda es la tía de Sofía.

1. Vicente / Tomás ______________________________

2. Sofía / Roberto ______________________________

3. Manuel / Sofía ______________________________

4. Emilio / Roberto ______________________________

Actividad 3 ¿Qué edad tiene?

Say how old two people in your family are.

modelo: Mi hermano tiene dieciséis años.

____

____

____

Nombre ______________________ Clase ______________ Fecha ______________

GRAMÁTICA C

Actividad 1 ¿Quién tiene qué?

Each person is responsible for packing his or her own clothes for the family vacation. Say what each person has, using the appropriate form of the verb **tener** and the corresponding possessive adjective.

modelo: Felipe / suéter
Felipe tiene su suéter.

1. Carlos / chaqueta ______________________
2. yo / pantalones ______________________
3. nosotros / zapatos ______________________
4. Paula / faldas ______________________
5. tú / suéter ______________________

Actividad 2 ¿Cuándo se celebra...?

Do you know when the following holidays occur? Write out each date in Spanish.

1. el Año Nuevo ______________________
2. el Día de San Valentín ______________________
3. el Día de la Independencia (Estados Unidos) ______________________
4. el Día de la Raza *(Columbus Day)* ______________________

Actividad 3 Tu familia

Write a short paragraph about your family (mentioning at least five people). Include the birthday for each person.

____

____

____

____

____

Nombre ______________________ Clase ______________ Fecha ______________

LECTURA A

¡Viva México!

Here are some important holidays in Mexico. Read the list, then answer the questions.

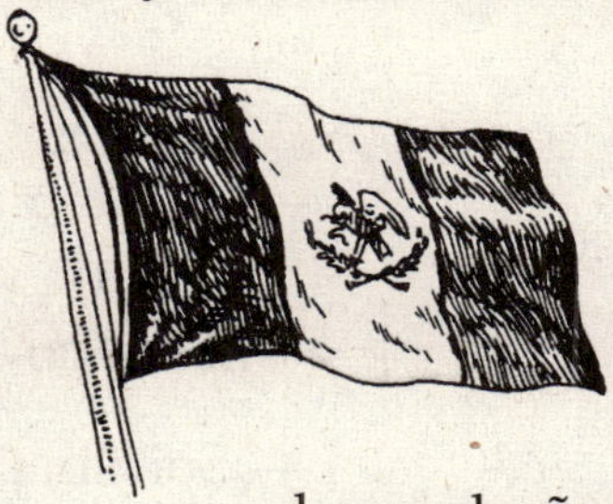

el 21 de marzo . . . . el cumpleaños de Benito Juárez

el 5 de mayo. . . . . la batalla de Puebla

el 16 de septiembre . . . . el Día de la Independencia

el 12 de octubre . . . . el Día de la Raza

el 2 de noviembre . . . . el Día de los Muertos

el 12 de diciembre . . . . el Día de Nuestra Señora de Guadalupe

¿Comprendiste?

Write the date when the following are celebrated in Mexico.
Use this format: el 4 de julio.

el Día de la Raza ______________________________

el Día de la Independencia ______________________________

la batalla de Puebla ______________________________

el Día de los Muertos ______________________________

el cumpleaños de Benito Juárez ______________________________

¿Qué piensas?

1. ¿Cuál es tu día festivo favorito? ¿Cuándo es? ______________________________
2. ¿Qué te gusta hacer en ese día? ______________________________

____

____

Nombre ______ Clase ______ Fecha ______

LECTURA B

Una entrevista

Read the following interview, and then answer the questions.

—Hola. ¿Cómo te llamas?

—Me llamo Jaime Casas.

—¿Cuántos años tienes?

—Tengo catorce años.

—¿Cuándo es tu cumpleaños?

—Mi cumpleaños es el 2 de abril.

—¿Tienes hermanos?

—Sí, tengo dos hermanas y un hermano.

—¿Cuántos años tienen?

—Mis hermanas son mayores. Tienen veintiún y dieciocho años. Mi hermano es menor. Tiene doce años.

—¿Son simpáticos tus padres?

—Sí, pero son estrictos también.

—¿Te gusta mucho trabajar?

—No, en realidad soy muy perezoso.

¿Comprendiste?

Who is being described in each sentence: Jaime, a brother, a sister, or his parents?

1. Tiene dieciocho años. ______
2. No es trabajador. ______
3. Tiene catorce años. ______
4. Son estrictos. ______
5. Tiene doce años. ______

¿Qué piensas?

1. ¿Te gusta mucho trabajar? ______
2. ¿Son simpáticos tus padres? ______
3. ¿Es mejor ser hermano(a) menor o hermano(a) mayor? ______

______

Nombre ____________________ Clase ____________ Fecha ____________

LECTURA C

Una quinceañera

Read this article about a girl who is celebrating a special birthday. Then do the activities that follow.

> **Una quinceañera**
>
> Natalia Moreno es de San Diego. Sus padres son de México. Su cumpleaños es el once de marzo. Ahora tiene quince años. Por eso, hay una fiesta especial para su familia y sus amigos. Hay ochenta personas. Hay mucha familia que celebra con Natalia: sus padres, abuelos, hermanos, tíos y primos. También hay un grupo de música mexicana, porque a Natalia le gusta mucho bailar.

¿Comprendiste?

A fellow student who was assigned to write about Natalia's party accidentally wrote down some incorrect information. Correct his notes.

1. Natalia Moreno es de México. ____________________
2. Tiene catorce años. ____________________
3. Hay cien personas. ____________________
4. A Natalia le gusta cantar. ____________________
5. Hay un grupo de música clásica. ____________________

¿Qué piensas?

1. ¿Te gusta tener las fiestas de cumpleaños? ____________________
2. ¿Qué ropa llevas a una fiesta de cumpleaños? ____________________
____
3. ¿Cuál es un cumpleaños importante para ti? ____________________
____
____
____

Unidad 1 Etapa 3 Actividades para todos LECTURA C

Nombre ______________________ Clase ______________ Fecha ______________

ROMPECABEZAS

La familia

Complete each sentence and find the word in the grid below. Circle your answer.

1. El papá de tu mamá es tu ________.
2. La hija de tu tío es tu ________.
3. Cuando una chica tiene quince años, hay una ________.
4. La mamá de tu papá es tu ________.
5. El hermano de tu papá es tu ________.
6. La hija de tus padres es tu ________.
7. Yo tengo diez años; mi hermano ______ tiene trece años.
8. Un padre y una madre tienen ________.
9. La chica tiene catorce ________.
10. Hay una fiesta para el ________ de mi abuelo.

A	S	O	Ñ	A	E	L	P	M	U	C
J	A	Ó	A	P	H	F	R	E	L	A
H	Y	R	T	O	I	D	Q	R	Ú	Z
A	B	U	E	L	A	E	U	A	X	I
R	S	N	H	E	M	B	I	Ñ	L	Q
E	A	V	B	O	A	B	U	E	L	O
Ñ	X	G	U	E	Y	M	N	R	U	Í
A	N	A	M	R	E	H	I	A	Y	T
E	S	I	A	C	T	S	B	R	A	N
C	Z	O	Y	T	P	L	O	T	P	E
N	A	Ñ	O	S	M	C	D	J	V	I
I	N	I	R	W	A	P	G	S	I	A
U	L	U	R	A	N	E	I	A	E	H
Q	E	T	Z	U	G	Y	O	K	P	T

Unidad 1 Etapa 3

Actividades para todos ROMPECABEZAS

Unidad 2

Nombre ______________________ Clase ______________ Fecha ______________

VOCABULARIO A

ACTIVIDAD 1 Palabras, palabras

Match each word in the first column with a word in the second column that you associate with it.

1. la calculadora	**a.** el diccionario
2. el español	**b.** la impresora
3. el pizarrón	**c.** las matemáticas
4. la computadora	**d.** la tiza

ACTIVIDAD 2 ¡Hay mucho que hacer en la escuela!

Complete each sentence by selecting the most logical response.

1. Tengo que estudiar porque mañana hay (prueba / libro) en la clase de español.
2. No saco buenas notas en la clase de historia. Estudio mucho pero la clase es muy (fácil / difícil).
3. Llevo mis libros, cuadernos y lápices a la escuela en mi (computadora / mochila).
4. Cuando escribo en el pizarrón, uso (pluma / tiza).

ACTIVIDAD 3 Hay mucho en mi mochila

Make a list of everything you need to take home to study. Use the art for ideas.

____

____

____

Nombre ______________________ Clase ______________ Fecha ______________

VOCABULARIO B

ACTIVIDAD 1 ¿Qué clase es?

Write the name of the school subject in which you would need each list of materials. In some cases there may be several possible answers.

1. pluma, cuaderno, diccionario, libro ______________________
2. calculadora, cuaderno, lápiz ______________________
3. impresora, ratón, teclado ______________________
4. lápiz, borrador, papel ______________________

ACTIVIDAD 2 ¡No, no y no!

Luis is very mixed up. Read what he says, then rewrite each statement so that it makes sense.

1. Uso tiza para escribir en el cuaderno. ______________________
____
2. En la clase de educación física uso la computadora. ______________________
____
3. Llevo mis libros a casa en un escritorio. ______________________
____
4. Saco malas notas porque estudio mucho. ______________________
____

ACTIVIDAD 3 ¿Qué necesitas?

For each class that you have, tell one thing that you need. Use a different item for each class. Write at least three complete sentences.

____
____
____
____

Nombre ____________ Clase ____________ Fecha ____________

VOCABULARIO C

ACTIVIDAD 1 ¡Adivina lo que es!

Complete the following sentences.

1. Llevo mis libros a la escuela en ______________________.

2. Necesito ______________________ para escribir en la computadora.

3. Escribo en mi cuaderno con ______________________.

4. Uso tiza para escribir en ______________________.

ACTIVIDAD 2 Es verdad

Use the drawings as clues to help you finish the sentences.

1.  Todos los días tengo clase de ______________.

2.  Mi clase favorita es la clase de ______________.

3.  Para mí, la clase de ______________ es fácil.

4.  Me gusta mi clase de ______________ porque me gusta leer.

ACTIVIDAD 3 Un estudiante de intercambio

You will be hosting an exchange student from Mexico during the next school year. Write a short letter telling him or her what supplies to get for school. Follow the model.

modelo: Necesitas un borrador y un lápiz.

____

____

____

____

Nombre ______________________ Clase ______________ Fecha ______________

GRAMÁTICA A

ACTIVIDAD 1 ¿Qué hacen?

Underline the word that best completes each sentence.

1. El profesor (habla / hablo) español.
2. Yo (buscan / busco) mi libro de matemáticas.
3. Anita (uso / usa) un lápiz cuando prepara su tarea.
4. Mi hermano y yo (ayudamos / ayudan) a nuestros padres en casa.
5. Mariana y Felipe (sacan / sacamos) malas notas en la clase de educación física.

ACTIVIDAD 2 ¿Con qué frecuencia?

Based on the clues, tell how often each person does the action mentioned. Follow the model.

modelo: (No) mi tío y yo / hablar inglés
Mi tío y yo nunca hablamos inglés.

1. (4 / semana) yo / preparar la tarea ______________________
2. (1 / año) mi papá / usar la computadora ______________________
3. (1 / día) mis hermanos / ayudar en casa ______________________
4. (2 / mes) mi mamá / escuchar música ______________________

ACTIVIDAD 3 ¿Qué tienes que hacer?

Use **tener que** to make a list of things different people have to do.

modelo: El señor Gómez tiene que trabajar el lunes...

____

____

____

____

____

Nombre ______________________ Clase ______________ Fecha ______________

GRAMÁTICA B

ACTIVIDAD 1 Un estudiante modelo

Alexandra is trying to tell her brother why he doesn't do better in school. Use the appropriate form of the verbs shown to complete the dialog.

llegar preparar sacar estudiar llevar escuchar

Alexandra: El estudiante ideal nunca ________ tarde a clase. Los estudiantes ideales ________ a la maestra y __________ la tarea.

José Luis: Yo ____________ mis libros a clase, pero tú ________ buenas notas.

Alexandra: ¡Es porque tú no ______________ los libros!

ACTIVIDAD 2 ¿Frecuentemente o no?

Tell how often you do these activities.

1. escuchar música tejana ________________________________
2. hablar con los amigos ________________________________
3. llegar tarde a clase ________________________________
4. usar la computadora ________________________________
5. ayudar en casa ________________________________

ACTIVIDAD 3 ¿Hay que hacerlo?

Make a list of the things one must do to be successful in school. Then write four sentences, including the idea of "one must."

modelo: Hay que preparar la tarea.

____

____

____

____

Nombre ____________________ Clase ____________ Fecha ____________

GRAMÁTICA C

ACTIVIDAD 1 Muchas posibilidades

Write sentences with phrases that say how often each person does something.

1. el señor Montes / inglés ____________________.
2. yo / con mis amigos ____________________.
3. nosotros / la computadora ____________________.
4. tú / a tus padres ____________________.

ACTIVIDAD 2 No puedo

A classmate invites you to do several things this weekend, but you are not really interested in doing them. For each suggestion, make an excuse, saying that you have to do something else. Follow the model.

modelo: ¿Nadamos? No, tengo que estudiar.

1. ¿Miramos televisión? ____________________
2. ¿Hablamos por teléfono? ____________________
3. ¿Escuchamos música? ____________________
4. ¿Patinamos? ____________________

ACTIVIDAD 3 Una carta

You have a new pen pal from Argentina. Describe two things that you do and how often you do each one. Finally, ask your pen pal if he or she does one of the things you do.

____
____
____
____
____

Nombre ______________________ Clase ______________ Fecha ______________

LECTURA A

[1] stores

¿Comprendiste?

Read the following statements and decide if they're true **(cierto)** or false **(falso)**. Circle the corresponding letter.

C F **1.** La tienda tiene diccionarios.

C F **2.** La tienda tiene plumas pero no tiene calculadoras.

C F **3.** Las calculadoras cuestan *(cost)* veintiséis pesos.

C F **4.** En octubre la tienda tiene dos cuadernos por ocho pesos.

¿Qué piensas?

1. En tu opinión, ¿necesitas calculadoras para la clase de matemáticas? Explica.

____

2. En tu opinión, ¿siempre necesitas una mochila nueva para la escuela cada septiembre? Explica. ______________________________

Nombre ______________________ Clase ______________ Fecha ______________

LECTURA B

Read Luisa's list of personal goals and then answer the questions.

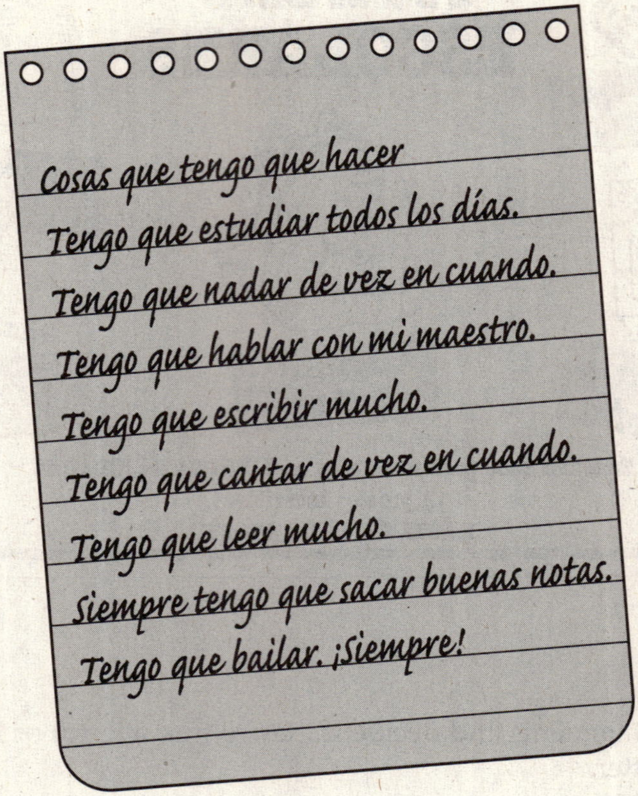

¿Comprendiste?

1. ¿Qué tiene que hacer Luisa todos los días? ______________________
2. ¿Qué tiene que hacer Luisa de vez en cuando? ______________________
3. ¿Qué tiene que hacer Luisa siempre? ______________________

¿Qué piensas?

1. ¿Te gusta lo que tiene que hacer Luisa? Explica. ______________________
____
2. ¿Por qué Luisa tiene que leer mucho? ______________________
____

LECTURA C

Read the following excerpt taken from a computer class. Then answer the questions.

¡Internet tiene de todo!

www.film100.com
Si te gusta el cine[1]...
En este «web» están las biografías de los cien actores, actrices y directores más importantes de la historia del cine.

www.laatlantida.com
Si te gustan los deportes...
Tenis, béisbol, fútbol... Para los «fans» del deporte[2], aquí se va a «chats», grupos de noticias, tiendas y ligas mundiales[3].

www.ciudadfutura.com/spacesite/index.html
Si te interesa el espacio[4]...
Esta página tiene información y conexiones sobre proyectos de las agencias espaciales.

[1] movies [2] sport [3] world leagues [4] space

¿Comprendiste?

1. Si te gusta el golf, ¿adónde vas en Internet? ______

2. Si tienes que preparar la tarea para tu clase de ciencias, ¿adónde vas en Internet?

______

3. Si quieres leer sobre Robert Redford, ¿adónde vas en Internet?

______

¿Qué piensas?

1. ¿Cómo usas las computadoras en tus clases? ______

______

2. ¿Te gusta usar las computadoras? Explica. ______

______

Nombre ______________________ Clase ______________ Fecha ______________

ROMPECABEZAS

En la escuela

Match each famous person with the class where you might hear about that person.

Down

1. Cleopatra
3. Pythagoras
5. Wolfgang Amadeus Mozart
7. Miguel de Cervantes

Across

2. Bill Gates
4. William Shakespeare
6. Albert Einstein
8. Leonardo da Vinci

Nombre ______________________ Clase ______________ Fecha ______________

VOCABULARIO A

ACTIVIDAD 1 ¿Dónde?

Where would each activity most likely take place? Match the activity with the location.

correr	biblioteca
leer	cafetería
trabajar	gimnasio
comer	oficina

ACTIVIDAD 2 En la tienda

The following dialog takes place in a department store. Choose the word that best completes each sentence.

—¡Hola, María! ¿Dónde (termina / está) Julia?

—Ella (visita / descansa) a su abuela.

—Y tú, ¿qué (compras / estás)?

—Un vestido para mi fiesta de cumpleaños.

—¡Tengo hambre! ¿Quieres (comer / beber) un sándwich?

—Sí, claro. También (como / quiero) beber un refresco.

ACTIVIDAD 3 ¿Tienes hambre o sed?

Say that you want the following foods or drinks.

modelo: Quiero beber un vaso de agua.

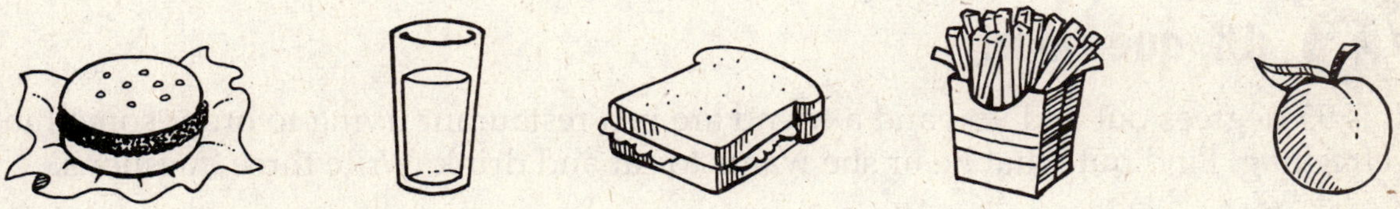

____

____

____

____

____

VOCABULARIO B

ACTIVIDAD 1 ¿Adónde van?

Based on the drawings, tell where the people are going. Follow the model.

modelo: (tú) Tú vas a la biblioteca.

1. (yo)______________ **2.** (nosotros)______________ **3.** (tío Luis) ______________ **4.** (ellas) ______________

ACTIVIDAD 2 ¿Qué hacen?

To find out what the following people are doing, choose one of the following words: **comprar, mirar, terminar, visitar.** Use it in the sentence in its correct form.

1. Miguel ______________ a su abuela en Miami.
2. Tú ______________ el pizarrón.
3. Mis amigos ______________ plumas para escribir en sus cuadernos.
4. Nosotros ______________ la tarea para la clase de inglés.

ACTIVIDAD 3 ¡Uf, qué calor!

It is 95 degrees out and you and a friend are in a restaurant trying to order something refreshing. Find out what he or she wants to eat and drink. Write three questions.

modelo: ¿Quieres comer fruta?

____

____

____

VOCABULARIO C

ACTIVIDAD 1 ¿Por qué?

Tell where each person is going and what each person wants or needs to do there. Follow the model.

modelo: Inés / auditorio Inés va al auditorio. Tiene que practicar la música.

1. yo / auditorio _______________
2. tú / biblioteca _______________
3. Ana y Marta / cafetería _______________
4. nosotros / gimnasio _______________

ACTIVIDAD 2 Un día típico

Your pen pal wants to know what you do on a typical day. Write about what you like to do at various times during the day. Use **por la tarde, al mediodía, por la noche.**

1. _______________
2. _______________
3. _______________

ACTIVIDAD 3 La cena

A friend is coming to dinner. Write a dialog in which you find out how he or she is and then offer him or her something to eat and/or drink.

____

____

____

____

____

GRAMÁTICA A

ACTIVIDAD 1 Muchas preguntas

The following questions are incomplete. Read each one and the answer that follows it, then decide which word best completes each question.

1. —¿(Cómo / Quién) estás hoy?
—Bien, gracias.

2. —¿(Adónde / Dónde) trabaja Raúl?
—En la oficina de su padre.

3. —¿(Quiénes / Quién) van al café?
—Francisco y yo.

4. —¿(Cuál / Cuáles) de los vestidos te gusta?
—El verde.

ACTIVIDAD 2 ¿Dónde?

Are the following people on their way or are they already where they want to be? Choose **ir** or **estar**, then write the correct form in the blank.

1. Ricardo ____________________ a la cafetería.

2. Yo ____________________ en la biblioteca porque necesito estudiar.

3. ¿Adónde ____________________ tú?

4. Nosotros ____________________ en la clase de inglés.

ACTIVIDAD 3 Con retraso

Gloria is fifteen minutes late for all her appointments. Write sentences telling when she arrives at the places shown. The time given is when she is supposed to arrive.

modelo: Gloria llega a la escuela a la una y cuarto. 

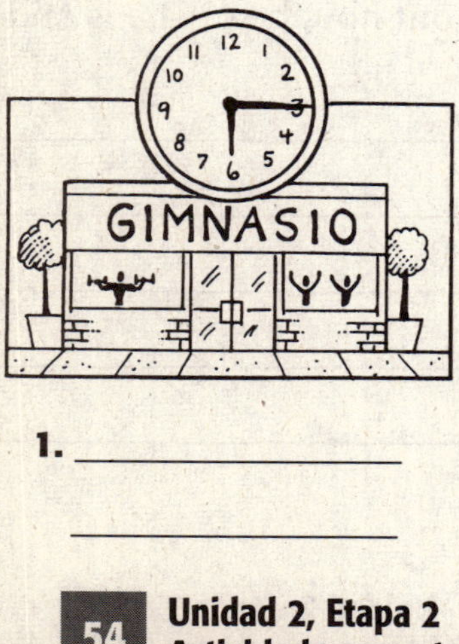

1. ____________________
____

2. ____________________
____

3. ____________________
____

Nombre ______________________ Clase ____________ Fecha ____________

GRAMÁTICA B

ACTIVIDAD 1 ¿Cuál es la pregunta?

Finish the following questions by supplying the appropriate word from the word bank.

cuándo **adónde** **por qué** **qué** **quién**

1. —¿ ______________ no vas a la fiesta?
   —Tengo que estudiar.
2. —¿ ______________ vas mañana?
   —A la casa de mi amigo.
3. —¿ ______________ enseña español?
   —El señor López.
4. —¿ ______________ hay en tu mochila?
   —Unos libros, mi calculadora y unos cuadernos.
5. —¿ ______________ estudias más?
   —Por la noche.

ACTIVIDAD 2 Muy ocupada

Your friend Teresa is very busy today. Just look at her schedule! For each activity, tell what she is doing, where she is, and the time. Follow the model.

modelo: tomar el almuerzo / cafetería / 11:30
A las once y media, Teresa toma el almuerzo en la cafetería.

1. estudiar para la prueba / biblioteca / 9:15 ______________
2. trabajar para su papá / oficina / 1:00 ______________
3. preparar la tarea / casa / 7:40 ______________

ACTIVIDAD 3 ¿Dónde están?

Tell where the following people are and where they are going, using **ir** or **estar.**

modelo: mi mamá Mi mamá está en la cafetería y luego va a la biblioteca.

1. mis padres ______________
2. yo ______________
3. mis amigos y yo ______________

GRAMÁTICA C

ACTIVIDAD 1 ¿Qué dicen?

Complete the following dialog using a question word in each blank.

—¡Hola, Bárbara! ¿______________ estás?
—Bien, gracias, ¿y tú?
—Bien. ¿______________ vas?
—Voy al gimnasio.
—¿______________ está tu hermano?
—En casa. Tiene que estudiar.
—¿______________ estudia?
—Ciencias. Tiene un examen mañana.

ACTIVIDAD 2 Mis amigos y yo: siempre ocupados

You and your friends are always busy. Using the names and drawings, tell where each person is and write your own explanation of what each one is doing there.

modelo: Margarita
Margarita está en la cafetería.
Ella toma el almuerzo.

Nacho y Lola ________
____

Elena ______________
____

Guillermo y yo ______
____

ACTIVIDAD 3 Tu horario

Saturday is a busy day for you. Make a schedule showing what you are going to do and at what time. Include at least three activities.

____

____

Nombre ______________________ Clase ______________ Fecha ______________

LECTURA A

SUPERMERCADO

Ofertas

Pan, paquete de 25 rebanadas
~~365~~ **289**

Piña en su jugo, lata de 822 g
~~187~~ **168**

Arroz grano largo, paquete de kg
~~315~~ **289**

Pastel, paquete de 300 g
~~255~~ **159**

Maíz dulce, lata de 410 g + 20% gratis
~~175~~ **139**

Papitas fritas, bolsa de 200 g
~~149~~ **105**

Cereal, paquete de 375 g
~~299~~ **255**

¿Comprendiste?

1. ¿Qué comida *(food)* es una merienda? ______________________
2. ¿Cuál de las comidas es una fruta? ______________________
3. ¿Qué comida comes por la mañana? ______________________

¿Qué piensas?

1. ¿Te gusta comer comida nueva? Explica. ______________________

____

2. ¿Compras comida para tu familia? ¿Cómo? ______________________

____

Nombre ____________________ Clase ____________________ Fecha ____________________

LECTURA B

tortas..$10
tamales..14
hamburguesas..12
papas fritas..6
platos de frutas
—sandía, melón, piña..8
jugos
—naranja, piña, toronja..2
café o té..3
refrescos..2
aguas..2

Cafetería Ixtapalapa

¿Comprendiste?

Answer **true (cierto)** or false **(falso)** to the following statements. Circle the appropriate letter.

C F **1.** Es un menú para la mañana.

C F **2.** El menú tiene jugo de tomate.

C F **3.** Si te gusta comer fruta, hay mucho para comer.

C F **4.** El menú tiene pizza.

C F **5.** No hay refrescos en el menú.

¿Qué piensas?

1. ¿Qué comida (*food*) en este menú no es usual para los restaurantes de Estados Unidos? ____________________

2. ¿Qué te gusta comer en el menú? ____________________

Nombre ______________________ Clase ______________ Fecha ______________

LECTURA C

71 N.º P 617314

Indicaciones especiales

BILLETE + RESERVA

FNM

PROHIBIDO FUMAR FUERA DE LA ZONA RESERVADA
CONSERVESE HASTA EL FINAL DEL VIAJE

DE	→ A	CLASE	FECHA	HORA SALIDA	TIPO DE TREN	COCHE
CIUDAD DE MÉXICO	VERACRUZ HORA LLEGADA-->	C	22.06	19.25 08.30	DIESEL	VAGÓN

Tarifa
Forma de pago

Pesos ***318

¿Comprendiste?

1. ¿Adónde va el tren? ______________________
2. ¿A qué hora llega? ______________________
3. ¿Para qué fecha es el billete? ______________________
4. ¿Cuántas horas es el viaje? ______________________

¿Qué piensas?

1. ¿Te gusta ir en tren? ¿Por qué? ______________________
____
2. ¿Cuál te gusta más, ir en carro o ir en tren? ¿Por qué? ______________________
____

ROMPECABEZAS

El horario

You are talking to a friend about your schedule. Find the words below.

1. almuerzo
2. cafetería
3. receso
4. biblioteca
5. descansar
6. oficina
7. reloj
8. comer
9. auditorio
10. cita

L	D	E	S	C	A	N	S	A	R	E	B
Y	E	O	P	R	M	A	Q	Z	L	O	I
A	A	U	D	I	T	O	R	I	O	N	B
S	L	B	R	Y	X	S	C	N	A	A	L
E	M	B	K	O	B	A	I	A	I	I	I
O	U	A	I	C	O	M	E	R	A	P	O
U	E	W	T	Y	H	J	S	V	E	L	T
M	R	D	E	O	S	F	O	L	M	E	E
R	Z	E	D	F	E	X	E	L	U	R	C
D	O	C	X	D	E	T	S	S	E	A	A
A	N	I	C	I	F	O	U	B	X	R	O
C	I	T	W	L	U	A	M	V	M	O	A
S	E	A	R	N	I	H	R	T	E	T	L
M	E	E	A	L	L	O	S	E	C	E	R
A	Í	R	E	T	E	F	A	C	X	I	M

VOCABULARIO A

ACTIVIDAD 1 La respuesta correcta

Underline the word that best completes each sentence.

1. (Cuida / Toca) la guitarra.
2. Tienes (hambre / sed). Compras unos chicharrones.
3. (Pasea / Cuida) por el parque con su hermana.
4. (Hace / Prepara) ejercicio en el gimnasio.
5. Tienes (hambre / sed). Tomas un refresco.

ACTIVIDAD 2 Asociaciones

Match each word in the first column with a word in the second column that you associate with it.

beber	una revista
leer	el piano
mandar	la cena
preparar	una carta
tocar	agua

ACTIVIDAD 3 ¿Qué hacen?

Using the pictures as clues, tell what these people are doing.

1. mi hermano 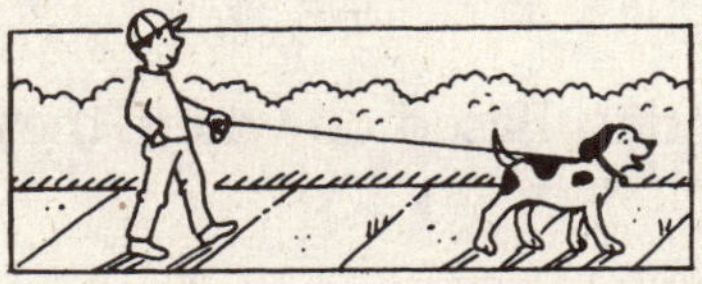 _______________

2. yo 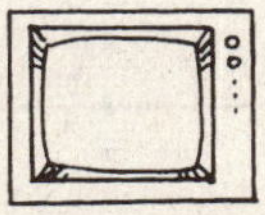 _______________

3. mi madre  _______________

4. mi prima  _______________

Nombre ______________________ Clase ______________ Fecha ______________

VOCABULARIO B

Actividad 1 Isabel... siempre ocupada

Isabel has a lot to do. Complete the following sentences, using the correct form of the verbs from the word bank.

beber, andar, cuidar, ver, oír

1. Ella ________________ la televisión después de estudiar.
2. Ella ________________ agua porque tiene sed.
3. Ella ________________ en bicicleta por el parque.
4. Ella ________________ a sus hermanas cuando sus padres van al teatro.
5. Ella ________________ a sus amigas.

Actividad 2 ¿Dónde?

You overhear the following bits of conversations. Where do you think you are?

1. Me gusta andar en bicicleta aquí y a veces caminar con el perro. ________________
2. Me gusta cómo pinta Picasso. ________________
3. Necesito comprar unas frutas y refrescos. ________________
4. Los dramas de Shakespeare son fascinantes. ________________

Actividad 3 ¿Qué hace?

Your friends have gone their separate ways today. Based on where they are, tell what you think each one is doing. Follow the model.

modelo: Graciela está en la cafetería. Graciela come.

1. Raúl está en el parque. ________________
2. Jorge está en la tienda. ________________
3. Susana está en el gimnasio. ________________
4. Timoteo está en el supermercado. ________________

Unidad 2 Etapa 3

B Actividades para todos VOCABULARIO

Nombre ______________________ Clase ______________ Fecha ______________

VOCABULARIO C

ACTIVIDAD 1 ¿Hambre o sed?

Complete the second sentence, using the correct form of **tener sed** or **tener hambre**.

1. Teodoro come chicharrones. Teodoro ______________________.
2. Nosotros tomamos agua. Nosotros ______________________.
3. Yo preparo la cena. Yo ______________________.
4. Ustedes toman refrescos. Ustedes ______________________.

ACTIVIDAD 2 Un día libre

You and your friends have a free day today and can do anything you like. Complete each sentence using vocabulary from this **etapa**.

1. Estoy en el parque y voy a ______________________.
2. Anita está en casa y va a ______________________.
3. Enrique y Juana están en la cafetería y van a ______________________.
4. Nosotros estamos en la biblioteca y vamos a ______________________.
5. Tú estás en el museo y vas a ______________________.

ACTIVIDAD 3 Adivina

Describe three places you like to go. Tell what you do there.

____

____

____

____

____

Nombre ______________________ Clase ______________ Fecha ______________

GRAMÁTICA A

Actividad 1 Una tarde aburrida

This has turned out to be the most boring day ever. Complete the sentences with the appropriate form of the verb in parentheses.

Mi familia (estar) ________________ en casa. Nosotros no (hacer) ________________ nada. Mi padre (leer) ________________ el periódico. Mi madre (ver) ________________ la televisión. Mi hermano (escribir) ________________ unas cartas y mi hermana (oír) ________________ música clásica. Yo (hacer) ________________ la ensalada para la cena. ¡Qué aburrido!

Actividad 2 ¡Qué ruido!

What do the following people hear? Make sentences using the appropriate form of the verb **oír** in each one.

1. mi tío / un perro ________________________________.
2. mis abuelos / los pájaros________________________________.
3. mi hermana y yo / una guitarra ________________________________.
4. tú / el animal ________________________________.
5. yo / la música ________________________________.

Actividad 3 ¿En qué orden?

Say what you're going to do tomorrow. Indicate in what order you're going to do these activities.

modelo: Mañana voy a caminar con el perro en la plaza.

____

____

____

____

Nombre _______________ Clase _______________ Fecha _______________

GRAMÁTICA B

ACTIVIDAD 1 ¡Qué desorden!

To find out what Manuel is doing, unscramble the following words and write sentences with the correct forms of the verbs.

1. hermano / su / conocer / yo / a _______________
2. la / ejercicio / hacer / mañana / por / yo _______________
3. con / él / amigos / comer / sus _______________
4. al /ir / entonces / él / supermercado _______________
5. días / música / todos / oír / los / yo _______________

ACTIVIDAD 2 ¿Lo conocen?

Use the correct form of the verb **conocer** to write each sentence.

1. yo / a la profesora de música _______________
2. tú / el museo de arte _______________
3. mi profesor de español / a mis padres _______________
4. nosotros / el parque _______________

ACTIVIDAD 3 Tu horario

What are your weekends like? Write four sentences describing what you read, what type of music you listen to (use **oír**), the places you visit with your friends, and so on.

____

____

____

____

____

Nombre ______________________ Clase ______________ Fecha ______________

GRAMÁTICA C

ACTIVIDAD 1 ¿Antes o después?

Tell if you do the first activity before or after you do the second one. Use connecting words or phrases to indicate sequence. Follow the model.

modelo: preparar la cena / comer con la familia
Antes de comer con la familia, preparo la cena.

1. estudiar / tomar el examen ______________________
2. hacer la tarea / ver la televisión ______________________
3. abrir el libro / leer ______________________
4. cenar / ir al supermercado ______________________

ACTIVIDAD 2 ¿Qué van a hacer?

You can predict what the following people will do, based on the information given. Write a sentence telling what each person is going to do.

modelo: Rosa compra un pastel.
Rosa va a celebrar su cumpleaños.

1. Elena compra un periódico. ______________________
2. Compro un lápiz. ______________________
3. Mariana busca el perro. ______________________
4. Tenemos una prueba en la clase de español mañana. ______________________
5. Vicente tiene mucha hambre. ______________________

ACTIVIDAD 3 ¿Qué haces primero? ¿Y luego?

Describe several activities you might do on a typical day. Include words to show the order in which you do them.

____

____

____

____

LECTURA A

¡Viva el fin de semana!

The following is a list of places to go on the weekend and a telephone number to call for information for each place.

Números telefónicos	
Biblioteca Nacional	580 78 23
Museo de Arte	549 71 50
Museo Nacional	420 28 36
Museo Naval	521 04 19
Parque Nacional	420 35 68
Zoológico	711 99 50

¿Comprendiste?

Escribe el número de teléfono para cada actividad.

1. ver muchos animales ______________________
2. andar en bicicleta ______________________
3. leer un libro ______________________
4. ver arte moderno ______________________

¿Qué piensas?

1. ¿Es importante ir a lugares culturales? ¿Por qué? ______________________

____

2. En tu opinión, ¿cuál es el balance perfecto de actividades? ______________________

____

Nombre _______________ Clase _______________ Fecha _______________

LECTURA B

Esteban and Elena are twins, but their tastes are quite different. Read what each one says.

Esteban y Elena

¡Hola! Me llamo Elena. Me gusta pintar, tocar la guitarra y caminar con mi perro en el parque. También me gusta escuchar la música clásica. Para mí, mi familia es muy importante, especialmente mi gemelo[1] Esteban. Somos diferentes, pero él es muy buen amigo. Hablamos mucho.

¡Hola! Me llamo Esteban. Mi hermana es buena chica, pero sus actividades favoritas son aburridas, en mi opinión. Me gusta escuchar la música rock, andar en bicicleta y leer revistas en la biblioteca. Mi gato es muy chévere e independiente. Sólo hace lo que le gusta —como yo.

[1] twin

¿Comprendiste?

1. ¿Qué le gusta hacer a Elena? _______________
2. ¿Qué le gusta hacer a Esteban? _______________
3. ¿Qué piensa *(thinks)* Elena de su hermano? _______________

¿Qué piensas?

1. ¿Tienes más en común con Esteban o con Elena? ¿Por qué? _______________
2. ¿Te gusta escuchar la música rock o la música clásica? ¿Por qué? _______________

Nombre ______________________ Clase ______________ Fecha ______________

LECTURA C

De visita a Madrid

There are many things to see and do around Madrid, Spain. Read about several of them, then answer the questions.

Zoológico de la Casa de Campo
3.000 animales de los cinco continentes. Club de pájaros. Naturaleza misteriosa. Acuario: todas las maravillas del mundo submarino —Barracudas, rayas, delfines.

Excursiones organizadas
Panorámicas de Madrid por la noche con opción de cena y espectáculos de baile. Visitas a los alrededores de Madrid: San Lorenzo de El Escorial y Valle de los Caídos, Toledo, Segovia y Ávila. (Guiadas en distintos idiomas.)

Tren de la fresa[1]
Viaje en una locomotora de vapor. El precio incluye: viaje de ida y vuelta[2], fresas a bordo del tren, entrada a monumentos y visita guiada.

[1] strawberry [2] roundtrip

¿Comprendiste?

1. ¿Qué incluye el precio del tren? ______________________
2. ¿Adónde vas si quieres ver lugares cerca de Madrid? ______________________
3. ¿Adónde vas si quieres ver un pez? ______________________

¿Qué piensas?

1. ¿Quieres ir a Madrid? ¿Qué actividades te gusta hacer? ______________________
____
2. ¿Qué actividades hay donde vives? ______________________
____

Nombre ______________________ Clase ______________ Fecha ______________

ROMPECABEZAS

Nota secreta

Your friend gives you a note telling you where to meet after school. Fill in the blanks with the right word. Then form a word with the circled letters to see where you will meet.

Hola,

¿Cómo _ _ _ _ _? Tengo mucho trabajo. _ _ _ _ _ _ _, voy _ la clase de inglés. _ _ _ _ _ _ _ _ voy a la clase de español. _ _ _ _ _ voy a la clase de _ _ _ _ _ _ _ _. ¿Qué vas a _ _ _ _ _ después de la escuela? Yo _ _ _ al

_ _ _ _ _ _ _ _ _ _ _ _.

Unidad 2 Etapa 3

Actividades para todos ROMPECABEZAS

Unidad 3

Nombre ____________________ Clase ____________ Fecha ____________

VOCABULARIO A

ACTIVIDAD 1 ¿Al cine?

Complete the telephone conversation, which takes place in Puerto Rico.

—(Hola/Me gustaría), Ramón. Soy Luis.

—¡Luis! ¿Cómo estás?

—Bien, gracias. Mira, (quieres/te invito) al cine conmigo. ¿Te gustaría ir?

—Gracias, pero (me encantaría/no puedo).

—¿Por qué no?

—Tengo que ayudar a mi papá. (Tal vez otro día./Claro que sí.)

—Está bien. Hasta luego.

—Adiós.

ACTIVIDAD 2 ¿Por qué se sienten así?

Read about each person, then choose the adjective that best completes the sentence.

1. Marco trabaja mucho. Ahora está (deprimido / cansado).
2. Mónica saca una mala nota en el examen. Ella está (triste / contenta).
3. Mi abuela está enferma. Yo estoy (preocupado / emocionado) por ella.
4. Tenemos prueba hoy en la clase de física. Estamos (enfermos / nerviosos).
5. El perro come tu tarea. Tú estás (alegre / enojada).

ACTIVIDAD 3 Quiero hablar con...

The messages below were left on your phone machine. Return the messages, accepting one invitation and turning down the other.

1. Hola. Soy Miguel. Te invito a ir de compras conmigo esta tarde. ¿Quieres ir? Hasta luego. ______________________________
2. Hola. Soy Patricio. ¿Quieres acompañarme al cine esta tarde? ____________

____

Nombre ______________________ Clase ______________ Fecha ______________

VOCABULARIO B

ACTIVIDAD 1 La llamada

Complete the following telephone conversation, which takes place in Puerto Rico.

—Hola.

—Buenas tardes, señora León. Soy Raquel.

—Hola, Raquel. ¿Cómo estás?

—Bien, señora León. ¿______________________ hablar con Carmen?

—No, ella no está en este momento.

—¡Qué ______________________! ¿Dónde está?

—En la biblioteca. Necesita leer una novela para la clase de inglés.

— ______________________ que me llame, por ______________________.

ACTIVIDAD 2 ¿Cómo se sienten?

How do you think the following people feel? Look at the drawings, then choose a word to describe each one.

1. Elena celebra su cumpleaños hoy. Ella está ______________.
2. Son las diez y Ángela todavía no está en casa. Sus padres están ______________.
3. Mi padre prepara la cena y cuida a mi hermanito. Él está ______________.

ACTIVIDAD 3 Quiero ir, pero...

You agreed to go to the movies with your friend Maricarmen, but now you have to stay home to take care of your little brother. Leave a message on Maricarmen's answering machine. Follow the model.

modelo: Quiero dejar un mensaje para Maricarmen. Soy...

____

____

____

Nombre ______________________ Clase ______________ Fecha ______________

VOCABULARIO C

ACTIVIDAD 1 En la casa de Jaime

Ramón wants to speak with Jaime Casas. Jaime's father answers. Complete the conversation.

—Diga.

—______________________________

—Hola, Ramón. ¿Qué tal?

—______________________________

—Jaime no está. Visita a sus abuelos hoy.

—______________________________

—Está bien. Adiós, Ramón.

—______________________________

ACTIVIDAD 2 ¿Cómo se sienten?

Complete each sentence with a word describing how the person feels. Pay attention to word endings.

1. Mi padre trabaja todo el día y ahora prepara la cena. Él está ____________.
2. Mañana tengo un examen muy difícil en la clase de física. Estoy ____________.
3. Luisa celebra su quinceañera hoy con toda la familia. Ella está ____________.
4. Mi abuela está en el hospital. Ella está ____________.

ACTIVIDAD 3 ¡Al cine!

Write a short dialog, inviting a friend to the movies.

modelo: Hola, Enrique. ¿Quieres ir...?

____

____

____

Nombre ______________________ Clase ______________ Fecha ______________

GRAMÁTICA A

ACTIVIDAD 1 Sentimientos

Combine words to say where the person is coming from and how you think he or she feels.

modelo: Ana / trabajo Ana viene del trabajo y está cansada.

1. ellos / del gimnasio ______________________________

2. María / del museo ______________________________

3. mis abuelos / del hospital ______________________________

4. yo / de la fiesta ______________________________

ACTIVIDAD 2 Y ahora están cansados

Tell what the following people have just done, based on the picture above each name. Use a form of **acabar de** in each sentence.

Pilar

yo

mis hermanos

Tomás y yo

1. Pilar ______________________________

2. yo ______________________________

3. mis hermanos ______________________________

4. Tomás y yo ______________________________

ACTIVIDAD 3 ¿Qué les gusta?

Write a short paragraph describing what your parents or other family members like to do on weekends and what you as a family like to do together.

modelo: A mis padres les gusta ir al cine. Nos gusta caminar en el parque...

____

____

Nombre ______________________ Clase ______________ Fecha ______________

GRAMÁTICA B

ACTIVIDAD 1 Sí, porque acabo de...

Read the description and tell what the person just did.

1. Miguel no tiene mucha hambre ahora. Él ______________________.
2. Ves una película en casa. Tú ______________________.
3. Tengo una camisa nueva. Yo ______________________.
4. La señora Vega está cansada. Ella ______________________.
5. No tenemos sed en este momento. Nosotros ______________________.

ACTIVIDAD 2 Sopa de sentimientos

Combine elements to say where the person is and how he or she feels. Change word endings as necessary.

modelo: Felipe / cine / cansado(a)
Felipe está en el cine y está cansado.

1. nosotros / fiesta / contento(a) ______________________
2. mis primas / gimnasio / emocionado(a) ______________________
3. yo / hospital / enfermo(a) ______________________
4. Susana / parque / tranquilo(a) ______________________

ACTIVIDAD 3 ¿De dónde?

The López family is finally sitting down to dinner. Make up sentences describing what each one just did and where each one is coming from.

modelo: Patricia acaba de ver una película. Ella viene del cine.

____

____

____

____

Nombre ______________________ Clase ______________ Fecha ______________

GRAMÁTICA C

ACTIVIDAD 1 Por eso está

Describe how these people feel, using a form of **estar** and an adjective. Pay attention to the word endings.

1. Javier saca una buena nota en la prueba. Él ______________________.
2. Nuestro perro está enfermo. Nosotros ______________________.
3. Mi madre pasa todo el día preparando la cena. Ella ______________________.
4. No puedo ir al cine. Tengo que cuidar a mi hermanita. Yo ______________________.

ACTIVIDAD 2 Una semana ocupada

Use **venir** and **acabar de** to tell where the following people are coming from and what they just did.

modelo: Juan / cine
Juan viene del cine. Acaba de ver una buena película.

1. María / biblioteca ______________________
2. Carlos y Matilde / tienda ______________________
3. yo / parque ______________________
4. ustedes/escuela ______________________

ACTIVIDAD 3 ¿Qué les gusta hacer?

You are writing a letter to a young person in another country. Ask him/her what young people like to do for fun in his/her country, and write two things that you and your friends like to do in your spare time. Use the following phrases if you wish.

alquilar un video	**ir a un concierto**	**hablar por teléfono**

____

____

____

____

Nombre ______________________ Clase ______________ Fecha ______________

LECTURA A

¡Por primera vez en Puerto Rico!

MERCEDES SOSA
CHARLY GARCÍA

→ Dos inolvidables conciertos en una noche. La singular[1] Mercedes Sosa se reúne con Charly García para una noche de canción y conciencia latinoamericana.

SAN JUAN
16 DE MAYO
Centro de Bellas Artes

SAN JUAN
17 DE MAYO
TEATRO Tapia

PONCE
19 DE MAYO
TEATRO La Perla

[1] sensational, fabulous

¿Comprendiste?

Tell if the following statements are correct, based on the concert advertisement.

C F **1.** Sosa y García presentan cuatro conciertos en mayo.

C F **2.** El programa consiste en canciones cómicas.

C F **3.** Sosa y García cantan en San Juan.

C F **4.** Sosa y García cantan en teatros.

¿Qué piensas?

1. ¿Te gustaría ir al concierto? ¿Por qué? ______________________________

____

2. ¿Qué tipo de música te gusta escuchar? ¿Por qué? ______________________

____

Nombre ______________________ Clase ______________ Fecha ______________

LECTURA B

Read the note that Rosa left for Mariana.

Hola, Mariana.

Quiero invitarte a un concierto. Nuestro cantante favorito va a dar un concierto. ¡Es Jon Secada! Es el 20 de junio en el Coliseo Municipal. ¿Quieres ir conmigo? No voy a estar en casa esta noche, pero deja un mensaje en la máquina contestadora. ¡Va a ser muy chévere! Hasta pronto.

Rosa

¿Comprendiste?

1. ¿Quién canta en el concierto? ______________________________
2. ¿Cuándo es el concierto? ______________________________
3. ¿Por qué quieren Rosa y Mariana ir al concierto? ______________________________

¿Qué piensas?

1. ¿Te gustaría ir a un concierto de Jon Secada? ¿Por qué? ______________________________
2. ¿Te gusta escuchar la música latina? ¿Cuáles de las canciones escuchas? ______________________________
3. ¿Qué otra música te gusta escuchar? ______________________________

Nombre ______ Clase ______ Fecha ______

LECTURA C

«*Cuando un hombre está ocupado, piensa en*[1] *el reposo. Pero cuando descansa, enseguida*[2] *necesita estar ocupado.*»
ROBERT BROWNING,
ESCRITOR BRITÁNICO (1812–1889)

«Hay una ociosidad[3] activa que, mientras[4] descansa, piensa.»
Augusto Ferrán,
escritor español (1836–1880)

«Debes[5] aprender a estar quieto en medio de la actividad y a estar vibrantemente vivo en reposo.»
Indira Gandhi,
estadista india (1917–1984)

«Es imposible gozar[6] totalmente de no hacer nada si no se tiene muchas cosas que hacer.»
JEROME K. JEROME, ESCRITOR BRITÁNICO (1859–1927)

«*El primer deber*[7] *de un hombre es ser feliz. El segundo, hacer felices a los demás*[8].»
Mario Moreno Reyes, «Cantinflas»,
actor mexicano de cine, cómico (1911–1993)

[1] thinks about [2] immediately [3] inactivity [4] while [5] you should [6] enjoy [7] duty [8] others

¿Comprendiste?

1. Según Browning, ¿cuándo piensa un hombre en el reposo? ______
2. Para Cantinflas, ¿qué tiene que hacer una persona? ______
3. ¿A cuál de estas personas le gusta la idea de ser perezoso? ______

¿Qué piensas?

1. ¿Cuáles de las citas son un poquito cómicas? ______
2. ¿Cuál de estas citas te gusta más? ¿Por qué? ______
3. ¿Qué otras citas o refranes te gustan? ______

Nombre ______________________ Clase ______________ Fecha ______________

ROMPECABEZAS

¿Cómo están?

Down

2. Luis saca una mala nota. Está ____.

4. Marta no estudia para el examen. Está ____.

5. La plena es ____.

8. Carlos trabaja mucho. Está ____.

9. Mario nunca está preocupado. Es un chico ____.

10. Pedro acaba de perder su perro. Está ____.

Across

1. Los estudiantes no hacen la tarea. El maestro está ____.

3. Alma va al concierto. Está ____.

6. Manuel necesita descansar. Está ____.

7. Mirta baila. Está ____.

Nombre ______________________ Clase ______________ Fecha ______________

VOCABULARIO A

ACTIVIDAD 1 ¿Para qué necesitas...?

You are shopping for sports equipment with a friend. Read what he or she buys and tell what sport(s) the equipment is for.

1. un bate ______________________
2. unos patines ______________________
3. una raqueta ______________________
4. un casco ______________________
5. un guante ______________________

ACTIVIDAD 2 ¡Quiero jugar!

Say that the people prefer to do the activity pictured.

1. tú prefieres /  ______________________________________
2. mi tía prefiere / 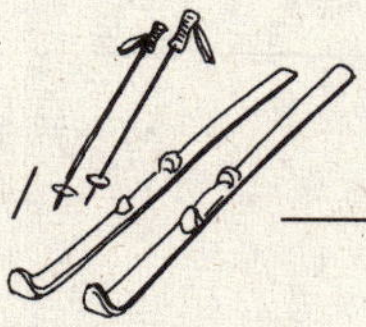 ______________________________________
3. yo prefiero / 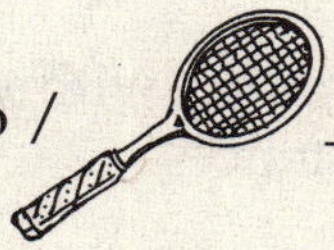 ______________________________________
4. mis amigos prefieren / 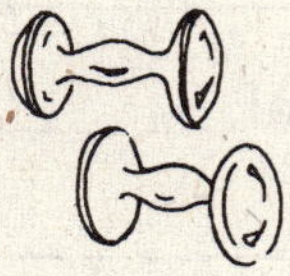 ______________________________

ACTIVIDAD 3 ¿Adónde vas?

Tell where you go to do the following activities.

modelo: levantar pesas Para levantar pesas voy al gimnasio.

1. jugar al baloncesto ______________________________________
2. nadar ______________________________________
3. jugar al fútbol ______________________________________
4. jugar al tenis ______________________________________

Nombre ____________________ Clase ____________ Fecha ____________

VOCABULARIO B

ACTIVIDAD 1 ¿A qué deporte va a jugar?

Look at each picture and tell what sport the person is going to play.

1. Mario /  ____________________
2. yo /  ____________________
3. mi hermano y yo /  ____________________
4. mi papá /  ____________________

ACTIVIDAD 2 Michael Jordan y yo...

You and your friends have won a contest in which you play sports with your favorite celebrity athletes. Using the names as clues, complete the sentences.

1. Michael Jordan y yo vamos a jugar al ____________________.
2. Wayne Gretzky y mi amiga Betty van a jugar al ____________________.
3. Tú y Picabo Street van a ____________________ en Colorado.
4. Sammy Sosa y Jorge van a jugar al ____________________.

ACTIVIDAD 3 Me gusta jugar...

Write a short note telling what sports and activities you like to do and some that you don't like to do.

____

____

____

Nombre ______________________ Clase ______________ Fecha ______________

VOCABULARIO C

ACTIVIDAD 1 ¿A qué juega?

Read what each person is buying and tell which sport he or she plays.

1. Yo compro una pelota. ______________________
2. Mi mamá compra una raqueta. ______________________
3. Mi primo compra un casco y una bola. ______________________
4. Mi hermano compra unos patines. ______________________

ACTIVIDAD 2 En forma

Sonia wants to get in shape (**ponerse en forma**) and decides to take up a sport. Complete the paragraph, using words from the word bank.

bate	cine	guante	pelota
béisbol	parque	tienda de deportes	

Sonia quiere ponerse en forma. A ella le gusta mucho jugar al ____________ . Primero va a la ____________ donde compra un ____________, un ____________ y una ____________. También compra unos zapatos. Luego llama a unos amigos. Todos van al ____________ para practicar.

ACTIVIDAD 3 ¡Qué divertido!

Raúl likes to play baseball with his friends. Look at the picture and describe it in as much detail as you can.

modelo: <u>Raúl está en el parque con unos amigos.</u>

____

____

____

____

Nombre ______________ Clase ______________ Fecha ______________

GRAMÁTICA A

ACTIVIDAD 1 ¡Español!

Complete the sentences, using the appropriate form of the verb in parentheses.

1. La clase de español (empezar)______________ a las ocho y cuarto.
2. El profesor (pensar) ______________ que la clase es fácil.
3. Yo (cerrar) ______________ el libro para hablar con mi amiga.
4. Ella (preferir) ______________ comer.
5. Ella y yo (merendar) ______________ en la cafetería.

ACTIVIDAD 2 ¡Saben mucho!

Look at the pictures and tell what each person knows how to do.

1. yo /  ______________________________
2. mi tío /  ______________________________
3. mis padres /  ______________________________
4. tú /  ______________________________
5. mi hermana y yo /  ______________________________

ACTIVIDAD 3 Tu mejor amigo(a) y tú

Compare yourself to your best friend, using the following adjectives: **alto(a), divertido(a), menor, paciente, trabajador(a).**

modelo: Yo soy mayor que mi amigo Ramón pero él es...

____

____

Nombre ______________________ Clase ______________ Fecha ______________

GRAMÁTICA B

ACTIVIDAD 1 ¿Qué hacer?

Andrés is having a difficult time getting his assignment done. Read each sentence and choose the verb that best completes each sentence.

1. Primero él (empezar/perder) ______________ a estudiar.
2. No (entender/preferir) ______________ bien la tarea.
3. (Merendar/Querer) ______________ hablar con la profesora.
4. (Pensar/Cerrar) ______________ su libro.
5. (Preferir/Entender) ______________ hablar un rato con sus amigos.
6. (Querer/Merendar) ______________ con ellos.

ACTIVIDAD 2 ¡Todos saben eso!

Say that the following people know how to play the sport indicated.

modelo: mi padre / hockey Mi padre sabe jugar al hockey.

1. yo / béisbol ______________________________
2. tú / voleibol ______________________________
3. mi madre / fútbol ______________________________
4. Felipe y yo / baloncesto ______________________________
5. mis tíos / tenis ______________________________

ACTIVIDAD 3 ¿Cómo son tus padres?

Describe your parents or other adults you know by comparing them. Write at least four sentences.

modelo: Mi madre es más paciente que mi padre.

____

____

____

____

Unidad 3 Etapa 2 · Actividades para todos GRAMÁTICA B

Nombre ______________________ Clase ______________ Fecha ______________

GRAMÁTICA C

ACTIVIDAD 1 ¿Qué van a hacer?

Look at the pictures and tell what each family member wants to do, using **preferir** or **querer**.

1. mi madre /  ______________________

2. mi padre /  ______________________

3. mi hermana /  ______________________

4. yo /  ______________________

ACTIVIDAD 2 Unas personas únicas

Describe four people that you know, telling what each one knows how to do.

1. ______________________

2 ______________________

3. ______________________

4. ______________________

ACTIVIDAD 3 ¿Más o menos?

How are you different from your family members or other people you know? Compare yourself to them. Be sure to include each of these words: **más** / **menos** / **mayor** / **mejor** / **tan**.

modelo: Mi hermana Teresa es tan perezosa como yo.

____

____

____

____

Nombre ______________________ Clase ______________ Fecha ______________

LECTURA A

Los estudiantes de la clase de español escriben una encuesta sobre los deportes. Aquí están los resultados después de hablar con 100 estudiantes.

Razones para participar en un deporte*	
Me gusta practicar deportes; es divertido.	80 estudiantes
Practico deportes porque mis amigos lo hacen.	10 estudiantes
Cuando practico deportes, tengo más energía; estoy de buen humor.	17 estudiantes
Mi razón principal es para mantenerme en forma.	13 estudiantes
Practico deportes porque me gusta competir; es emocionante.	38 estudiantes
Sólo practico deportes porque es un requisito de la escuela.	7 estudiantes

Las preferencias: como participante, no como espectador(a)†			
andar en patineta	16%	el golf	7%
el baloncesto	33%	patinar	12%
el béisbol	18%	patinar sobre hielo	9%
esquiar	11%	el tenis	8%
el fútbol	28%	el voleibol	8%
el fútbol americano	25%		

* Como los estudiantes pueden escoger más de una razón para practicar deportes, el total es más de 100.
† Como los estudiantes escogen más de un deporte, el total no es 100%.

¿Comprendiste?

1. ¿Por qué juega la mayoría de los estudiantes a los deportes? ______________
2. ¿Qué deporte tiene menos participantes? ______________
3. ¿Cuál es el deporte más popular? ______________

¿Qué piensas?

1. ¿Qué deportes practicas? ______________
2. ¿Por qué practicas deportes? ______________
3. ¿Por qué piensas que el baloncesto es más popular que el golf? ______________

Nombre ______________________ Clase ______________ Fecha ______________

LECTURA B

Sammy Sosa es un gran héroe de dos naciones, Estados Unidos y la República Dominicana

Es seguro que Sammy Sosa es un buen jugador de béisbol. En 1998 recibió[1] el premio[2] MVP (el jugador más valioso) de la Liga Nacional. Pero en 1999 recibió otro premio del Consejo Autónomo de Trabajadores Hispanoamericanos (CATHA). Esta organización lo nombró[3] «La figura deportiva de Las Américas». Lo nombró así porque Sosa se dedica a colectar fondos[4] para la construcción y sostenimiento de escuelas, orfelinatos[5] y estadios deportivos. La fundación «Sammy Sosa» da comida, ropa y medicina a las personas necesitadas.

Ángel de la Torre, el vocero[6] para la organización CATHA dice lo siguiente: «Sammy Sosa es mucho más que un deportista exitoso, mucho más que un hombre de fama, muchísimo más que un simple filántropo. Es un fenómeno que enorgullece[7] a todos los hispanos de este país y del mundo. Es un atleta extraordinario con el corazón de un gran hombre...»

[1] received [2] award [3] named [4] funds [5] orphanages
[6] spokesperson [7] fills with pride

¿Comprendiste?

Say whether the following sentences are true **(C)** or false **(F).**

C F **1.** Según este artículo Sammy Sosa recibió el premio MVP y el premio Nóbel.

C F **2.** Sammy Sosa es cubano.

C F **3.** Sammy Sosa recibió el premio de CATHA porque es un deportista extraordinario y porque es un hombre que ayuda a muchas personas.

C F **4.** Sammy Sosa tiene fama como futbolista.

¿Qué piensas?

1. En tu opinión, ¿qué responsabilidad tienen los deportistas en cuanto a ayudar a otros? ______________________________

____

2. En tu opinión, ¿qué deportista es un buen modelo de conducta? ¿Por qué? __________

____

LECTURA C

¿Arte o deporte?

Son jóvenes, energéticos e hispanos. Son atletas fuertes que saltan[1] y se mueven con rapidez. ¿Son jugadores de baloncesto o fútbol? No, son los bailarines del Ballet Hispánico. Este grupo combina las tradiciones del ballet, baile folklórico, jazz y danza moderna en un estilo emocionante.

En 1970, Tina Ramírez fundó el grupo para expresar la cultura hispana mediante el baile. Mantiene una escuela con más de 600 estudiantes de todas partes. Para Ramírez, es importante educar a los jóvenes sobre historias y culturas distintas. Ella prefiere educar con los ritmos del baile en vez de hablar. Una de sus obras más populares es el «Latin Beat», un grupo de bailes con la música pop de Gloria Estefan, Eddie Palmieri, Rubén Blades y Selena. Si quieres pasión, elegancia y atletismo, ven[2] a ver el Ballet Hispánico.

[1] jump   [2] come

¿Comprendiste?

1. ¿De dónde vienen los estudiantes del Ballet Hispánico? ______________________________

2. ¿Quién fundó el Ballet Hispánico y por qué? ______________________________

3. ¿Qué tipo de música usan para la obra «Latin Beat»? ______________________________

¿Qué piensas?

1. ¿Piensas que los bailarines son tan fuertes como otros atletas? ¿Por qué? ______________________________

2. ¿Te gustaría ir al teatro para ver un programa de baile? ¿Por qué? ______________________________

Nombre ______________________ Clase ______________ Fecha ______________

ROMPECABEZAS

El deporte

Write the name of the sport that each image suggests. Then unscramble the circled letters to find a location for sports.

1. 

___ ___ ___ ___ ___

2. 

___ ___ ___ ___ ___ ___ ___

3. 

___ ___ ___ ___ ___ ___ ___ ___   ___ ___ ___ ___ ___

4. 

___ ___ ___ ___ ___   ___ ___   ___ ___ ___ ___ ___ ___ ___ ___

5. 

___ ___ ___ ___ ___ ___ ___   ___ ___   ___ ___   ___ ___ ___ ___

6. 

___ ___ ___ ___ ___ ___ ___ ___ ___ ___

Unidad 3 Etapa 2

Actividades para todos ROMPECABEZAS

Nombre ______________________ Clase ______________ Fecha ______________

VOCABULARIO A

ACTIVIDAD 1 ¿Qué crees?

Pilar teases people by making up stories. Respond to her statements, using **Creo que sí.** or **Creo que no.**

1. Mi prima siempre lleva un traje de baño en el invierno. ______________
2. Tengo calor cuando hay mucho sol. ______________
3. Hay viento durante una tormenta. ______________
4. Llevo las gafas de sol cuando hace mal tiempo. ______________
5. Cuando está nublado, llevas un paraguas. ______________

ACTIVIDAD 2 ¿Qué llevas?

Tell what you use in the following situations.

a. 

b. 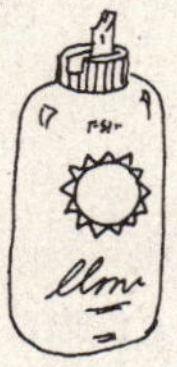

c. 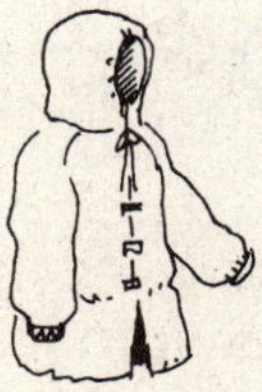

d. 

1. Es el otoño y llueve mucho. ____
2. Nieva y hace frío en las montañas. ____
3. Vas a tomar el sol. ____
4. Hace calor y vas a la playa. ____

ACTIVIDAD 3 ¿Cuándo?

Tell when you feel this way.

modelo: frío <u>Tengo frío cuando no llevo un abrigo en el invierno.</u>

cuando hago mi tarea **cuando trabajo mucho** **por la mañana / tarde / noche** **cuando hace calor** **cuando veo una película** **cuando hay una tormenta**

1. ganas de nadar ______________
2. prisa ______________
3. sueño ______________
4. miedo ______________

Unidad 3 Etapa 3 Actividades para todos VOCABULARIO A

Nombre ______________________ Clase ______________ Fecha ______________

VOCABULARIO B

ACTIVIDAD 1 ¡Qué mañana!

Use the correct word or expression to describe Domingo's morning.

Por la mañana hace **1.** 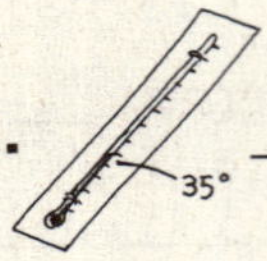

______________. Domingo piensa llevar **2.**  ______________ y **3.**  ______________. Domingo cree que va a **4.**  ______________. Ahora lleva **5.**  ______________ y tiene **6.**  ______________. Él va a la escuela. Pero, hay **7.** ¡  ______________! Domingo tiene mucho **8.**  ______________. ¡Ay, caramba!

ACTIVIDAD 2 ¡Al contrario!

Complete the conversation between Josefina and her grandmother.

Abuela: ¿Tienes **1.** ______________, Josefina? ¿Quieres un suéter?

Josefina: No, abuelita, no tengo **2.** ______________. Pero sí, tengo **3.** ______________. ¿Hay refrescos?

Abuela: ¿Estás cansada, Josefina?

Josefina: No, abuelita, no tengo **4.** ______________.

Abuela: ¿Tienes **5.** ______________ de ver la televisión?

Josefina: No, pero **6.** ______________ mucha **7.** ______________ porque tengo una abuela muy simpática.

ACTIVIDAD 3 ¿Qué llevas?

List three different kinds of weather and tell what you wear in each.

modelo: Cuando hace mucho calor, llevo shorts.

____

____

____

Nombre ______________________ Clase ______________ Fecha ______________

VOCABULARIO C

ACTIVIDAD 1 ¿La primavera en octubre?

Identify the season for the place listed and describe the weather, using each expression only once. Write **Creo que sí.** or **Creo que no.** to indicate if it is logical.

modelo: España: agosto  En el verano hay mucho sol en España. Creo que sí.

1. Canadá: abril  ______________________

2. Antártida: julio  ______________________

3. Irlanda: diciembre 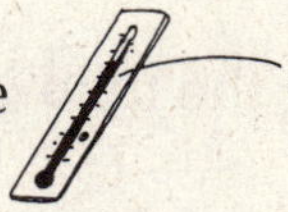 80° F ______________________

4. Jamaica: octubre 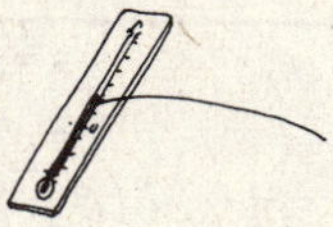 23° F ______________________

ACTIVIDAD 2 Al aire libre

Everyone is enjoying the outdoors. Tell where these people are, based on what they are doing.

1. Pilar y Emilio están jugando al voleibol, nadando y tomando el sol. ______________

2. Es el invierno y estás patinando sobre hielo. Llevas un abrigo. ______________

3. Estamos sacando fotos de los cactos y tenemos mucho calor. ______________

4. Marta está mirando las plantas y flores tropicales. Lleva shorts. ______________

ACTIVIDAD 3 Las cuatro estaciones

For each season, describe the weather, what you wear, and how you feel.

modelo: En el verano, tengo ganas de nadar. Hace calor y llevo...

1. el verano ______________________

2. el otoño ______________________

3. la primavera ______________________

4. el invierno ______________________

Nombre ____________________ Clase ____________ Fecha ____________

GRAMÁTICA A

ACTIVIDAD 1 El montón de ropa

The clothes got mixed up at the beach. Use the clues to figure out who wears what.

modelo: Andrés los lleva. (traje de baño, gorro, shorts, chaquetas)

1. Margarita la lleva. (calcetines, blusa, bufandas, abrigo)
2. Nosotros los llevamos. (bufandas, trajes de baño, calcetín, zapato)
3. Tú lo llevas. (pantalones, gorro, camisetas, shorts)
4. Yo las llevo. (bronceador, falda, camisa, gafas de sol)

ACTIVIDAD 2 La tarjeta postal

Complete the postcard to a Puerto Rican pen pal, using the following verbs: **hace, está, hay, tengo, tienes.**

¡Hola, Lucía!

Dices que en Puerto Rico **1.** ____________ *mucho sol y está a 88 grados. ¿Tú* **2.** ____________ *mucho calor? Yo vivo en Seattle donde* **3.** ____________ *fresco y* **4.** ____________ *muy nublado. Llueve más o menos durante cada estación. Hoy, no* **5.** ____________ *mucho frío aquí, pero nieva mucho en las montañas. ¡***6.** ____________ *ganas de esquiar! ¿Y tú? ¿Qué te gusta hacer?*

Un gran abrazo,

Lorena

ACTIVIDAD 3 ¿Qué están haciendo ustedes?

Imagine that you and people you know are spending time at the following places. Describe at least two things that the people are doing at each.

modelo: mi tío/el río
Mi tío está escuchando el agua y está comiendo su merienda.

1. yo / la playa ____
2. mis amigos / el bosque ____________________________________
3. mi familia y yo / el desierto ______________________________

Nombre ______ Clase ______ Fecha ______

GRAMÁTICA B

ACTIVIDAD 1 ¿Los llevas a la escuela?

Tell if you wear these at school, referring to each with a direct object pronoun.

modelo: la falda de cuadros
No la llevo. o Sí, la llevo.

1. las gafas de sol ______
2. el traje de baño ______
3. la bufanda ______
4. los pantalones con rayas ______

ACTIVIDAD 2 ¿Qué estás haciendo?

Complete the descriptions of the weather. Describe the effect of each kind of weather on each person, using **tener** expressions.

modelo: mucho calor: yo / sueño
Hace mucho calor. Tengo sueño.

1. nublado: tú / ganas de leer ______
2. sol: nosotros / calor ______
3. buen tiempo: ustedes / suerte ______
4. nevar: los jóvenes / ganas de esquiar ______

ACTIVIDAD 3 En sus sueños

Enrique is daydreaming. Describe what he is doing in his **sueños.** Then, describe what you're doing in yours.

modelo: En sus sueños Enrique está…
En mis sueños yo…

______
______
______
______
______

Unidad 3 Etapa 3 Actividades para todos GRAMÁTICA B

Nombre ______________________ Clase ______________ Fecha ______________

GRAMÁTICA C

ACTIVIDAD 1 ¿Quién lleva la ropa?

Tell who wears the following clothing items in the following situations, using direct object pronouns.

modelo: ¿Quién siempre lleva zapatos grandes?
Mi abuelo los lleva.

1. ¿Quién siempre lleva su gorro? ______________________

2. ¿Quién lleva su impermeable a veces? ______________________

3. ¿Quién lleva shorts en el verano? ______________________

4. ¿Quién lleva su bufanda de cuadros en el invierno? ______________________

ACTIVIDAD 2 Ahora

Tell three things that you and the following people are doing right now and why.

1. yo ______________________

2. mi amigo(a) ______________________

3. los estudiantes de la clase ______________________

ACTIVIDAD 3 El día ideal

Draw a picture of an ideal day. Then, describe it, explaining where you are, what you are doing, what the weather is like, what you are wearing. Describe how you feel, using **tener** expressions.

modelo: Estoy en las montañas con mis amigos. Nieva y hace frío. Yo no tengo frío porque llevo mi abrigo. Estoy esquiando con mis amigos…

____

____

____

____

Unidad 3 Etapa 3
Actividades para todos GRAMÁTICA
C

Nombre ______________________ Clase ______________ Fecha ______________

LECTURA A

El pronóstico del tiempo

Algunas tormentas en el norte

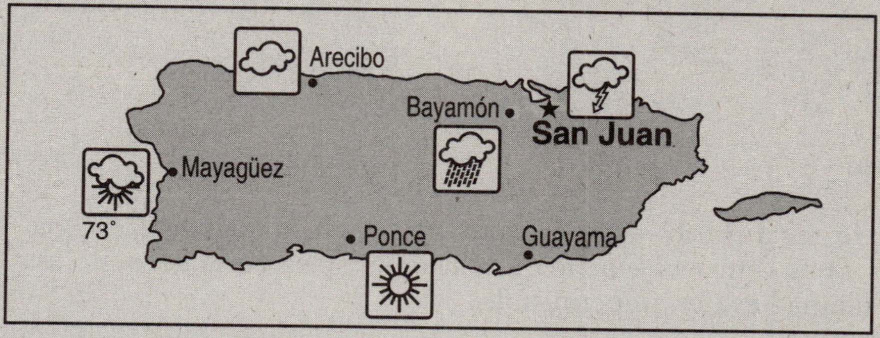

Hoy está nublado con algunas precipitaciones en el norte de la isla. Hay viento en Ponce y llueve en Bayamón. Está parcialmente nublado en Arecibo y también en Mayagüez. Sol por la tarde. La temperatura está a 60 grados. Va a hacer sol en San Juan con algunas nubes por la mañana.

¿Comprendiste?

Write the sentences from the weather report that don't correspond with the map.

____

____

____

¿Qué piensas?

1. En tu opinión, ¿dónde en el mapa hace buen tiempo? ______________

2. ¿Adónde te gustaría ir? ¿Por qué? ______________

____

Nombre ______________ Clase ______________ Fecha ______________

LECTURA B

The following people are at their favorite getaway. Solve the puzzle by determining where each person is.

el desierto

la playa

el bosque tropical

las montañas

A Oriana no le gusta el frío —prefiere tomar el sol en su traje de baño. Joaquín prefiere llevar shorts y una camiseta —no le gusta nadar. Esteban está llevando una bufanda y un abrigo. Paloma lleva un impermeable.

¿Comprendiste?

1. ¿Quién está en el bosque tropical? ______________
2. ¿Dónde está Oriana? ______________
3. ¿Está Joaquín en la playa? Explica. ______________
4. ¿Quién está esquiando? ¿Dónde? ______________

¿Qué piensas?

1. ¿A cuál de los lugares te gustaría ir? ¿Por qué? ______________
2. ¿Qué te gustaría hacer en la playa? ¿En las montañas? ______________

Nombre ______________________ Clase ______________ Fecha ______________

LECTURA C

Imagínate... Hay sol y estás al lado de un río, estás leyendo tu novela favorita. Oyes la música del bosque... los pájaros y otros animales. Los niños están andando en bicicleta al aire libre. Todos están contentos, tranquilos —lejos del teléfono y del tráfico. Pronto, vas a jugar al golf y pasar un rato con los amigos. Y luego... una cena fenomenal.

Ahora, considera otra imagen... Estás esquiando. La nieve está perfecta. Los niños tienen una lección privada. Luego, van a tomar una merienda en una casita que tiene una vista gloriosa de las montañas.

¿Son dos clubes diferentes? ¡Claro que no! El Club Girasol te ofrece todo. Es tan divertido en el invierno como en el verano.

El Club Girasol

¿Comprendiste?

1. ¿Cuántos clubes hay? ______________________________
2. Describe dos actividades de las vacaciones. ______________________________
3. ¿Dónde está el Club Girasol? ______________________________

¿Qué piensas?

1. ¿En qué estación quieres ir al Club Girasol? ______________________________
2. En tu opinión, ¿es un lugar más divertido para adultos o jóvenes? ¿Por qué? ______________________________
3. ¿Qué otras atracciones crees que hay en el Club Girasol? Menciona por lo menos tres. ______________________________

Nombre ______________________ Clase ______________ Fecha ______________

ROMPECABEZAS

Las vacaciones de Tito

Your friend Tito sends you a postcard about his vacation. Find the words below.

1. impermeable
2. árbol
3. lluvia
4. fotos
5. nieve
6. mar
7. paraguas
8. viento
9. tormenta
10. bosque

A	E	D	C	O	X	A	R	J	N	O	E
X	O	T	I	P	E	V	E	I	N	U	W
U	T	A	J	I	X	R	W	Y	Q	K	A
K	Á	R	B	O	L	G	L	S	I	E	G
E	J	L	N	P	H	J	O	A	M	Q	U
P	E	N	T	O	Z	B	T	C	R	X	Q
O	L	G	E	R	A	N	O	V	Á	R	V
F	E	L	B	A	E	M	R	E	P	M	I
E	R	A	A	M	V	I	U	W	A	C	E
A	J	G	R	W	B	O	P	Q	R	S	N
L	U	O	A	X	R	T	P	A	A	B	T
Z	T	K	P	R	E	I	U	W	G	P	O
N	A	E	T	R	Y	V	Q	X	U	Z	R
R	F	G	A	L	L	U	V	I	A	D	H
S	O	T	O	F	P	O	N	Y	S	A	S